HANNS JOACHIM FRIEDRICHS
präsentiert

WUNDERBARE WELT

HANNS JOACHIM FRIEDRICHS
präsentiert

WUNDERBARE WELT

In Zusammenarbeit mit der National Geographic Society
RV VERLAG

Textbearbeitung: Gaia Text: Gisela Albus, Joachim Beust, Alexander Laudien, Claudia Magiera, Gerd Simon; unter Verwendung der Originalsprechertexte der National Geographic Society, mit Genehmigung der National Geographic Society, Washington DC 1992
Umschlagfotos: Umschlagvorderseite: Ayers Rock, Malcolm S. Kirk/Peter Arnold Inc.;
Hanns Joachim Friedrichs, S.e.t.; Umschlagrückseite: Ian Morris; W. Fischer/Mauritius; Hoa Qui/Silvestris;
The Telegraph Colour Library/Silvestris; Alain Buu/Gamma
Die Welt im Satellitenbild:
RV Reise- und Verkehrsverlag GmbH Berlin · Gütersloh · Leipzig · München · Potsdam · Stuttgart/
GEOSPACE Bad Ischl, Bonn/ Tom Van Sant Inc.
Kartographie: Kartographisches Institut Bertelsmann, Gütersloh
Graphik: Mitchell Beazley Ltd., London

Konzeption, Objektleitung: Carlo Lauer, Prisma Verlag GmbH, München
Redaktion, Koordination: Beatrice Weber, Prisma Verlag GmbH, München
Bildredaktion: Max Oberdorfer, Prisma Verlag GmbH, Prisma Foto Service, München
Herstellungskoordination: Wolfgang Mudrak, Prisma Verlag GmbH, München
Umschlaggestaltung: Studio Schübel, München
Buchgestaltung: Hubertus Hepfinger, Freising

Fernsehfassung: Trebitsch Produktion International GmbH,
Die Zeit TV GmbH, in Zusammenarbeit mit dem ZDF

Satz: Buchmacher Bär, Freising
Reproduktion: Repro Ludwig, Zell am See
Druck, Verarbeitung: Mohndruck Graphische Betriebe GmbH, Gütersloh

Printed in Germany
ISBN 3-575-11017-4

Inhalt

In Botswana ist die Existenz der Tiere durch extreme Dürre und Trockenheit bedroht. Tausende von Tieren aller Arten, darunter Elefanten, Zebras und Flußpferde begeben sich auf die dramatische Suche nach dem überlebensnotwendigen Wasser – und erreichen nach einer mühevollen Wanderung den rettenden Linyanti-Fluß.

Bedeutende Monumente der Menschheitsgeschichte wurden von den Ägyptern am Nil errichtet. Ihr gewaltiges Vermächtnis ist heute in Gefahr. Es ist Umwelteinflüssen und Touristenströmen ausgesetzt. Zahlreiche Wissenschaftler und engagierte Helfer ringen um die Erhaltung der Kunstwerke.

Fünf Brunnen für Amerika

Die Großen Seen prägen die Landschaft Nordamerikas. Tiefgreifende Umweltprobleme haben das ökologische Gleichgewicht dieser bedeutenden Süßwasservorräte gefährdet. Das Leben der Menschen und Tiere ist beeinträchtigt. Politiker, Forscher und Bürger wollen dieser Entwicklung durch ihren Einsatz Einhalt gebieten.

K 2 – Berg des Todes

K 2, der zweithöchste Berg der Welt, im Karakorum-Massiv gelegen, übt eine magische Anziehungskraft auf Generationen von Bergsteigern aus. Unter Mühen und Qualen fordern Expeditionen immer wieder ihre Opfer. Das Erreichen des Gipfels wiegt scheinbar alle Strapazen auf.

Australien – Dämmerung im Paradies

Der Kakadu-Nationalpark im Norden Australiens ist Schauplatz einer faszinierenden, Jahrtausende alten Kulturtradition. In dieser herrlichen Landschaft sind nur noch wenige Aborigines zuhause. Sie erhalten die traditionellen Kunst- und Kultformen am Leben. Wie lange wird dies noch gelingen?

Einführung

»Wunderbare Welt«. Ist sie das wirklich – wunderbar? Klingt das nicht wie die Beschwörung einer Idylle, von der die Großeltern erzählen, weil sie sie so empfunden haben. Von der die Enkel aber meinen, daß es sie nicht mehr gibt. Was ist so wunderbar an einer Welt, von der das Fernsehen täglich meldet, daß sie sich selbst zerstört, durch Krieg, Vertreibung, durch hemmungslose Ausbeutung der Schätze dieser Erde, durch rücksichtslosen Umgang mit der Natur? Wunderbare Welt? Doch, doch, es gibt sie, und sie ist größer, viel größer, als wir glauben. Aber ihre Wunder verschwinden hinter den Schlagzeilen, die die Beschädigungen registrieren und die Not der Menschen, die darunter leiden müssen. Die wollen wir auch nicht verschweigen, aber wir möchten auch die Wunder zeigen, die der Welt geblieben sind. Einige habe ich selbst gesehen, andere hat mir, wie Ihnen, der Bildschirm nahegebracht.

Dokumentarische Sendungen sind im amerikanischen Fernsehen selten geworden, ein Luxus, von dem die meisten Sender glauben, sich ihn nicht mehr leisten zu können. Die rühmliche Ausnahme ist PBS (Public Broadcasting), ein nicht-kommerzielles Unternehmen, das in jedem Jahr eine Reihe von Dokumentationen ausstrahlt, die sich mit dem Zustand der Welt jenseits der Tagesaktualität beschäftigen.

Die Themen liefert die »National Geographic Society«, ein Verein für alle, die sich für fremde Länder und alte Kulturen, für die Natur und die Wissenschaft der Geographie interessieren. Das sind in Amerika über zwölf Millionen Menschen. Die Dokumentarfilme, die »National Geographic« dreht und die PBS sendet, gehören zum besten, was Amerikas Fernsehen zu bieten hat. Schon in meinen Jahren als Korrespondent in den USA hatte ich mir gewünscht, sie auch in Deutschland zeigen zu können. Das ist nun möglich geworden – die Hamburger Produzentin Katha-

Kameraleute und Fotografen haben bei der Realisierung der Filmprojekte häufig unter widrigen Umständen arbeiten müssen.

rina Trebitsch hat die Rechte erworben und mich gebeten, die deutschen Fassungen herzustellen. Seit Ende Februar sind sie Teil des ZDF-Programms.
Es ist ein riesiger Bogen, den die Reihe schlägt. Die Geschichte von der Arche Noah fiel mir ein, als ich vor einiger Zeit in New York den Film über den Treck der wilden Tiere in Botswana sah, die Völkerwanderung durch die afrikanische Steppe: zehntausende von Elefanten, Löwen, Zebras und Flußpferden auf der Flucht vor dem Tod durch Verdursten. Wie sie es dann schaffen, Wasser zu finden – die, die es geschafft haben –, das hat ein Filmteam von »National Geographic« in siebenjähriger Arbeit festgehalten.
Eine andere Dokumentation entstand in Ägypten – da, wo das Pharaonenreich vor fünftausend Jahren seinen Anfang nahm. Klimaschäden und ein gewaltiger Staudamm bedrohen eine unersetzliche Hinterlassenschaft.
Historische, aber auch ganz neue Aufnahmen erzählen die Geschichte der Besteigungen des K2, des höchsten Bergs der Erde nach dem Mount Everest.
Zu Hause in den USA beschreiben die Reporter von »National Geographic« die Wandlung der »Great Lakes«, der fünf großen Seen im Norden von Nordamerika. Ohne sie wären Chicago, Detroit und Toronto nicht die Weltstädte, die sie heute sind, ohne sie hätte der mittlere Westen der USA nicht zum größten Industrierevier des Landes werden können. Heute laufen der Michigansee, der Eriesee und die anderen Gewässer Gefahr, die Opfer der Industrialisierung zu werden, die sie erst möglich gemacht haben. Aber – und das ist auch schon wieder ein kleines Wunder – die Gefahr ist erkannt und wird, mit Glück, abgewendet werden.
Es gibt sie noch, die »Wunderbare Welt«, wenn auch mit kleinen Schäden. Nur die wenigsten von uns werden Gelegenheit haben, sie mit eigenen Augen zu erfassen und zu bestaunen. Sie ist da für jeden, der sie sehen will – in unserer Fernsehreihe und in diesem Buch.

Die Erde im Satellitenbild

Kapitelschauplätze im Überblick

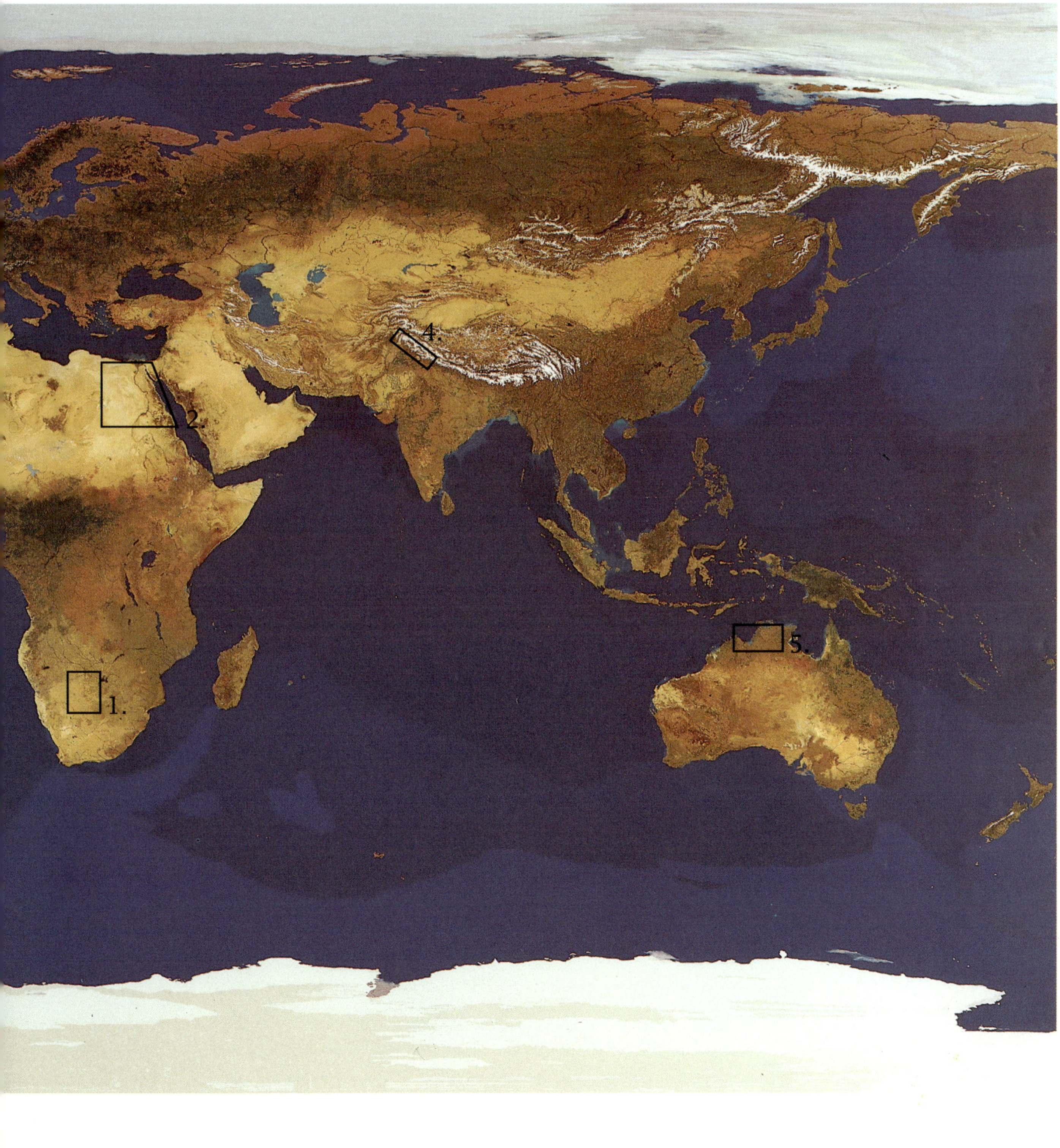
1.
2.
4.
5.

Im Süden Afrikas war einmal ein Paradies: das Einzugsgebiet des Savuti-Kanals. Dann kam die große Dürre, und die Bewohner wurden aus dem Garten Eden vertrieben. Dies ist die Geschichte ihres Exodus.

Reise zum vergessenen Fluß

Auf unserem überbevölkerten Planeten gibt es nur noch wenige Gegenden, in denen die Natur schalten und walten kann, wie sie will. Einen dieser Landstriche kann man in Botswana, im Süden Afrikas, finden.

Hier hatte die Natur mit dem Savuti-Seitenarm ein Paradies geschaffen. Ein schwankendes Paradies zwar mit üppig feuchten und trockenen Jahren, aber immer mit genügend lebensspendendem Wasser, um das Überleben seiner Bewohner zu sichern.

Doch dann setzt eine Trockenperiode ein, die biblische sieben Jahre dauern soll. Das hat dramatische Auswirkungen: Der gesamte Lebensraum einer Vielzahl von Tieren versickert buchstäblich im Boden. Die Natur hat eine blühende Landschaft wieder in eine Wüste verwandelt. Für die Bewohner des Savuti-Gebiets bleibt nur eine Chance: der vergessene Fluß Linyanti.

Afrika ist ein alter Kontinent, und seine Bewohner verfügen über ein in Generationen angesammeltes Wissen. Als die Elefanten als erste aufbrechen und das Savuti-Gebiet verlassen, heftet sich ein Schwarm von Tieren an ihre Fersen: Löwen, Leoparden, Hyänen, Wildhunde, Schakale, Büffel, Zebras, Gnus, Antilopen. Auch Flußpferde machen sich auf die Reise ins Unbekannte.

Vorherige Seiten: Seit Urzeiten ziehen die Elefanten auf ihren Pfaden durch die Savanne.

Wasser – dieses Element ist für alle Tiere der von Trokkenheit bedrohten Landschaft, auch für diese Zebraherde, von überlebensnotwendiger Bedeutung.

Botswana zählt heute dank Diamanten-, Nickel-, und Goldvorkommen und einer funktionierenden Demokratie zu den Wirtschaftswunderländern Afrikas. Im Süden grenzt es an Südafrika, im Westen und Norden wird es von Namibia eingefaßt, und im Norden und Osten teilt es die Grenze mit Sambia und Simbabwe. Das Land ist dünn besiedelt, nicht zuletzt, weil es von der Kalahari-Wüste und weiten Savannengebieten geprägt wird. Eine Million Einwohner teilen sich eine Fläche von 570 000 Quadratkilometern. Die Hauptstadt heißt Gaborone.

Im Norden der größten geschlossenen Sandwüste der Welt, der Kalahari, erstrecken sich weite Savannen und die einmalige Flußlandschaft des Okavango-Deltas. Im Osten des Deltas verbindet der Magwegquana-Fluß das Okavangobecken mit dem Kwando, dem Linyanti und dem Savuti-Kanal. Eine ungewöhnlich hohe Zahl von Tieren und Tierarten hat ihren Lebensraum in dieser von Menschen unbewohnten Gegend gefunden.

Es ist eine eigenartige, unberechenbare Landschaft. Wie der große Bruder Okavango im Sand der Kalahari versickert, so enden auch der Kwando- und der Linyanti-Fluß in einem Inlanddelta. Inseln, Bäche, Seitenarme, Seen prägen ein grünendes Binnenschwemmland, das zudem regelmäßig von heftigen Erdbeben erschüttert wird. Das Land ist durchzogen von unterirdischen Wasserläufen, die unvermutet Flutwellen auslösen und Flußarme im einen Jahr in die eine und im anderen Jahr in die andere Richtung fließen lassen.

Noch merkwürdiger ist jedoch der Savuti-Seitenarm, der sich am Zusammenfluß von Kwando und Linyanti in die Savanne schlägt und ebenfalls in einem undurchdringlichen Marschland ausläuft. Bis 1853 führte er Wasser und trocknete dann für hundert Jahre aus. 1957 war das Wasser wieder da – ohne ersichtlichen Grund. Seitdem zeigt der Savuti-Kanal einen wechselhaften Charakter: Zuweilen führt er soviel Wasser, daß er für die wandernden Tiere der Savannen regelmäßig zum verheißenen Land wird, zuweilen trocknet er fast aus. Doch die Dürre, die 1982 über Botswana hereinbricht, ist keine gewöhnliche Trokkenperiode. Ganz Afrika hat sieben Jahren lang unter ihr zu leiden – mit verheerenden Folgen.

Noch ist der unberechenbare Savuti-Kanal die Lebensader für eine Vielzahl von Tieren. Besonders Flußpferde fühlen sich in seinen Fluten wie im Paradies.

Frisch gebadet spaziert dieses Flußpferd mit seinem kleinen Freund durch die noch grünende Landschaft.

Wieder schrumpft der Savuti-Kanal, versickert und verschwindet schließlich ganz vom Erdboden.

Der Savuti-Kanal und das von kleinen Sümpfen und Wasserbecken durchzogene Buschland südlich des Linyanti scheinen auch gegen länger anhaltende Trockenheit gefeit. Haben sie doch Generationen von Savannen-Bewohnern mit ihren Winterfluten am Leben erhalten. Doch diese Dürre ist von anderer Qualität und trifft mit einem weiteren Phänomen zusammen: Erdbeben, die Verschiebungen im unerforschten Reich unter der Oberfläche zur Folge haben. Als auch im nächsten Jahr die Sommerregen ausbleiben, verdunsten die Wasserbecken, und der Savuti-Kanal schrumpft und versickert. Nach einem weiteren Jahr verschwindet er schließlich ganz vom Erdboden, und die Tiere sehen sich in einer unwirtlichen, tödlichen Umgebung ohne Wasser gefangen. Einige der Savuti-Bewohner versuchen, die Trockenheit durchzustehen, andere verlassen in Panik die gewohnte Umgebung und fliehen in benachbarte Gebiete: Beiden droht unweigerlich der Tod. Nur diejenigen Tiere, die Richtung Norden ziehen, haben eine Chance – den vergessenen Fluß Linyanti zu finden.
Ihre einzige Chance ist, dorthin zurückzukehren, wo sie noch vor Generationen heimisch waren, bevor 1957 der Savuti-Kanal zu neuem Leben erwachte. Dem Ruf seines neuen Wassers folgten damals viele, der alte Fluß geriet in Vergessenheit.

Die plötzlich einsetzende Trockenheit zeigt ihre Wirkung: Trockenrisse durchziehen den einst fruchtbaren Schlammgrund.

Die Elefanten müssen jetzt tief graben, um an das kostbare Naß zu kommen.

Uralte Elefantenpfade ziehen sich endlos durch Botswana.

Doch nun heißt es, den Weg zurückzufinden. Die Wege zu diesem vergessenen Ort sind im Sand eingegraben: Uralte Elefantenpfade ziehen sich endlos durch Botswana. Und Tausende der Dickhäuter, gefolgt von Büffeln, Zebras, Gnus, Antilopen, Löwen, Leoparden, Hyänen, Wildhunden und Schakalen stapfen nun durch dichten Staub Richtung Norden. Eine 110 Kilometer lange, entbehrungsreiche Strecke liegt vor ihnen. Die großen Pulks haben den Savuti schon verlassen, als sich auch eine schwangere Flußpferdkuh aufmacht. Bis zuletzt hat sie gewartet, ob das Wasser im Kanal nicht doch wiederkommen würde. Mit brennenden Augen hatte sie sich durch den immer fester werdenden Schlamm gequält. Doch nun tritt auch sie die Reise ins Unbekannte an. Die Trockenheit hat die Temperaturen gewaltig ansteigen lassen, der Wassermangel zehrt an der Energie, der Körper trocknet aus, der Schritt verlangsamt sich.

Für die Flußperde wiegt der Wassermangel doppelt schwer, bildet Wasser doch ihre Lebensgrundlage. Im Wasser wird ihr Gewicht von über drei Tonnen nicht zur Last. Hier finden sie auch Schutz gegen die wenigen Feinde: Löwen und Leoparden. Krokodile haben die Flußpferde nicht zu fürchten, im Gegenteil: Eher sind es die Krokodile, die auf der Hut vor den gewaltigen Hauern der Flußpferde sind. Flußpferde haben kaum Feinde, dafür aber viele Freunde. Vögel zum Beispiel, die stundenlang damit beschäftigt sind, die Hautfalten von Zecken und andere Parasiten zu reinigen. Obwohl die Flußpferde meist in Gruppen zusammenleben, gehen sie allein auf Jagd, und das auch nur nachts und immer auf demselben Trampelpfad.

Die schwangere Flußpferdkuh begibt sich also hinaus in eine staubige, fremde, gefährliche Welt. Doch das ist ihre einzige Chance.

Entlang der Wegesstrecke lauern die Jäger: Junglöwen, die ihr Rudel verlassen haben, angelockt von den vielen wandernden Tieren. Leichte Beute scheinen ihnen auch erschöpfte Flußpferde zu sein. Vorsichtig nähern sie sich den gewaltigen Kolossen. Normalerweise würden die Flußpferde zum Wasser flüchten, doch hier gibt es keine Tümpel, keine Flüsse – keine Zufluchtsmöglichkeit. Voller Verzweiflung gehen sie zum Angriff über – und schlagen die verängstigten Junglöwen in die Flucht.

Während die Flußpferdkuh noch am Anfang steht, haben viele der Elefanten schon ein gutes Stück des Weges hinter sich. Sie sind erfahren und wissen sich zu helfen. Auf der Suche nach Wasser scharren sie mit ihren sensiblen Rüsseln

Auch die Zebras machen sich auf, das hier noch fruchtbare Paradies zu verlassen.

Elefanten unterwegs: Die Strapazen der Wanderung sind ihnen anzusehen.

die Erde auf, damit sich ein wenig Grundwasser in den Löchern setzt. Ein dürftiger Labsal, aber genug, um sie ein Stück weiter durch das ausgedörrte Land zu bringen. Doch auch die Elefanten bleiben nicht ungefährdet. Die lange Reise erfordert ihren Tribut auch von ihnen. Eine ältere Elefantenkuh rutscht im Sand aus, stürzt: die Schulter des linken Vorderbeins ist ausgekugelt! Was nun? Schon nach ein paar Schritten wird klar: Sie hat bereits auf dem Marsch zu viele Kräfte verloren, ein Weiterziehen ist unmöglich. Die Herde wartet, hofft auf Erholung – Elefanten lassen unter normalen Umständen kein Herdenmitglied zurück. Doch dies ist ein Kampf um Leben und Tod – die Herde zieht zögernden Schrittes weiter. Schwer fällt die Elefantenkuh ins trockene Gras, sie ergibt sich in ihr Schicksal.

Der Tod des einen Tiers bedeutet häufig das Überleben eines anderen.

Der Tod des einen Tiers bedeutet häufig das Überleben eines anderen. Genügend hungrige und durstige Gesellen streichen im Umfeld der flüchtenden Herden umher, viele von ihnen sind ebenfalls in ungewohntem Terrain unterwegs: Hyänen, Schakale und Löwen. Zu den nomadisierenden Löwen, die den großen Herden beständig auf den Fersen sind, haben sich Löwen der großen Rudel gesellt, die ihre seit Generationen verteidigten Reviere aufgegeben haben. Auch sie brauchen unbedingt Wasser – oder Blut.

Die schwangere Flußpferdkuh hat Glück. Eben noch ließ der tiefe Sand jeden Schritt zur Qual werden, drückte das Junge schwer im Bauch – da taucht un-

Löwen streichen durstig durch die staubige Savanne.

Schakale (unten) und Hyänen (oben) zählen neben den Löwen zu den grossen Jägern der afrikanischen Wildnis.

verhofft ein Regenwasserbecken im Dickicht auf! Ist das schon die Rettung? Bedächtig stapft sie in das erlösende Naß und trinkt gierig bevor sie genüßlich untertaucht. Flußpferde können bis zu fünf Minuten unter Wasser bleiben, ihre Nasenlöcher verschließen sie dabei. Ihre ständigen Begleiter, die Putzvögel auf ihrem Rükken, warten bis zum letzten Moment, bevor sie ihre wandernde Nahrungsquelle aufgeben. Schließlich ist nur noch der mächtige Rücken des Kolosses über dem Wasserspiegel sichtbar. Aus einiger Entfernung schaut eine Löwin zu. Am Horizont senkt sich die Sonne glühendrot in die ausgedörrte Savanne, und die Dunkelheit bringt endlich die ersehnte Kühle. Frieden liegt über den sattgrünen Gestaden des Tümpels. Nichts deutet darauf hin, daß er nicht von Dauer sein könnte.

Auf wackligen Beinen unternimmt es die ersten Gehversuche.

In dieser Ruhe und Abgeschiedenheit, versorgt mit Wasser und fern der drohenden Dürre gebiert das Flußpferd sein Junges. Auf wackligen Beinen unternimmt es die ersten Gehversuche. Neugeborene Flußpferdjunge fangen in der Regel erst einige Minuten nach der Geburt an zu laufen. Angesichts der bedrohlichen, fremden Umgebung kann die Mutter nicht solange warten. Sie will ihr Kleines in Sicherheit bringen und drängt es rasch ins Wasser. Einen Monat währt die Idylle.

Dann durchbricht das Trompeten einer Elefantenherde die beschauliche Stille. Gewaltigen Schrittes kommen sie aus dem Dickicht und stürzen sich in den Tümpel. Es sind Herden aus weiter entfernten Gebieten, jenseits des Savuti-Kanals gelegen, den sie auf der Suche nach Wasser ausgetrocknet vorfanden. Alle sind sie auf dem Weg nach Norden. Das Wasser wird aufgewühlt, schnaubend und prustend wälzen sich die Dickhäuter umher – und ziehen schließlich weiter. Zurück bleiben das Flußpferd und das Junge. Sie zögern noch, die kostbare Wasserquelle schon wieder zu verlassen.

Den Weg säumen die Zeichen der vielen gescheiterten Fluchtversuche: Die Gebeine verendeter Tiere.

Weitere Elefantenherden kommen herbei. Ihre massigen Leiber verwandeln das Wasser zu Schlamm, und schließlich bricht die Tonschicht am Boden des Wasserbeckens. Das Wasser versickert. Die Zeit der Rast ist zu Ende.

Die Mutter hat nun zwar nicht mehr am Gewicht des Jungen zu tragen, doch das Neugeborene, das die Nabelschnur noch hinter sich herschleift, kommt nur langsam, unbeholfenen Schrittes voran. Immer wieder knicken die Beine weg, doch geduldig wartet die Mutter. Viele Kilometer liegen noch vor ihnen. Den Weg säumen die Zeichen der vielen gescheiterten Fluchtversuche: die Gebeine verendeter Tiere.

Das zu durchquerende Gelände ist rauh und verlassen. Seit Jahrhunderten schon wandern Tiere auf der Suche nach Wasser hier durch. Aber wer bis zum Ende durchhält, wird belohnt. Denn jenseits des Buschlandes und des Waldes, jenseits der Ebenen fließt der verheißene Fluß: der Linyanti.

Der Linyanti hat seinen eigenen, offensichtlich sicheren und stabilen Rhythmus, gespeist von nie versiegenden Wasserquellen. Daß seine Wasser in einem Jahr in die eine Richtung, im folgenden Jahr in die entgegengesetzte Richtung fließen, kümmert die Bewoh-

Der Linyanti: Seine nie versiegenden Wasserquellen sind die einzige Hoffnung für die flüchtenden Tiere.

Diese allesfressenden Marabus tun sich gütlich an dem, was Löwen und Hyänen übrig gelassen haben.

ner wenig. Ruhig und in ihr Geheimnis versponnen, breitet sich die Sumpf- und Schwemmlandschaft des Linyanti aus. Nichts deutet auf den bevorstehenden Wandel hin. Die Linyanti-Bewohner fühlen sich sicher in ihrem Sanktuarium am Rande einer zunehmenden Wüste: Elegant holen sich die weißköpfigen Fischadler die Beute aus dem Wasser. Pelikane drängen sich geschwätzig in Gruppen. Dank ihrer mit Schwimmhäuten versehenen Füße, sind sie im Wasser ebenso gut zu Wege wie in der Luft. Auf Fischfang gehen sie gemeinsam, indem sie einen Halbkreis bilden und kräftig mit den Flügeln aufs Wasser schlagen. Die in die Mitte des Halbkreises flüchtenden Fische brauchen die Pelikane dann nur noch mit dem Hautsack am Unterschnabel wie mit einem Netz aus dem Wasser zu holen. Den gierigen Mäulern des hungrigen Nachwuchses halten sie dann einfach den geöffneten Schnabel hin und fordern zur Selbstbedienung auf.

Krokodile, Litschi-Moorantilopen, Ibisse, Kraniche, Störche, Kuhreiher, alle haben am Linyanti ihren festen Lebensraum. Am Ufer wälzen sich Löwen unter den verschlafenen Augen des Rudel-Paschas verspielt schnurrend im Gras. Und Paviane schwingen sich kreischend durch die Bäume des Uferwaldes.

Nachts werden die Löwen aktiv. Dann zeigen sie, wer Herr am Linyanti ist. Die hier ansässigen Rudel haben seit jeher das Flußufer kontrolliert. Ihre Territorien bedecken das Ufer und die Wälder, zum Teil überlappend, aber niemals eine Freifläche lassend. Sie umfassen auch ruhige, geschützte Stellen, an denen sich die Löwen tagsüber aufhalten: Von 24 Stunden verbringen sie 20 mit Schlafen und Ausruhen. Zumindest die Paschas tun das, denn die Weibchen besorgen die Jagd, indem sie – anders als andere Katzenarten – gemeinsam auf Beutefang ziehen. Unruhig durchstreifen sie das Gebiet.

Noch ist der Linyanti für seine Bewohner ein Paradies am Rande einer zunehmenden Wüste. Der Fischadler kann frei durch die Lüfte schweben und nach Beute Ausschau halten.

Elefanten und Flußpferden bieten die Fluten des Linyanti willkommene Abkühlung nach dem langen Marsch durch die staubige Hitze der ausgetrockneten Landschaft.

Kooperation ist das Erfolgsprinzip ihrer Jagd.

Aber es ist eine Vollmondnacht, und da macht ihnen das Jagen keinen Spaß: Wenn alles erleuchtet ist, haben die Räuber keinen Vorteil. Also vergnügen sie sich lieber beim Spiel.

Doch der Hunger nagt – und dann taucht unverhofft eine Herde Kaffernbüffel auf. Die Augen der Büffel leuchten und ziehen die Katzen trotz des Vollmonds zur Beute. Lautlos pirschen sich die Löwinnen an: Kooperation ist das Erfolgsprinzip ihrer Jagd. Jede beobachtet die Bewegungen und Manöver der übrigen Jägerinnen. Langsam kreisen sie das ahnungslose Opfer ein, aufmerksam und vorsichtig. Die Büffel werden unruhig, sie spüren die Nähe des Todes. Sie kommen in Bewegung, doch zu spät – die Herde ist bereits umstellt. Mit weiten Sätzen greift eine Löwin einen Büffel an und reißt ihn zu Boden. Schon ist auch der Löwenherr zur Stelle, um sich die besten Bissen zu schnappen. Gierig reißen die Tiere mit bluttriefenden Lefzen große Stücke aus dem gemeinsam erlegten Büffel.

Der Heilige Ibis zählt zu den ständigen Bewohnern der Feuchtgebiete des Linyanti.

Pelikane gehen gemeinsam auf Fischfang. Die Beute holen sie mit dem Hautsack am Unterschnabel wie mit einem Netz aus dem Wasser.

Die Rettung: Der vergessene Fluß ist erreicht.

Der Morgen ist angebrochen. Ein junger Pavian erklimmt geschwind einen hohen Ast, um vorwitzig die Ebene auszuspähen – und weckt kreischend seine Umwelt: Die ersten Elefanten, die Sendboten des Wandels, sind angekommen. Mit lautem Gepruste und Geplatsche feiern die Dickhäuter ihre Ankunft – der rettende, der vergessene Fluß ist erreicht.

Von nun an ziehen immer neue Herden aus der sterbenden Savanne herbei. In ihrem Schatten folgen die nomadisierenden Löwen und die anderen, die aus Notwendigkeit zu Nomaden geworden sind. Den ansässigen Löwen droht jetzt Konkurrenz von den vielen Zuzüglern. Die ankommende Beute überwiegt die Konkurrenz aber bei weitem: Den Jägern an den Ufern des Linyanti stehen sieben fette Jahre bevor. Doch für Neuankömmlinge, auch die gerade angekommene Zebra-Herde, ist das Paradies zunächst einmal erreicht.

Die Flußpferdmutter und das Kalb hingegen haben noch viele Kilometer vor sich. Wie durch ein Wunder haben sie die Strapazen bisher überlebt und marschieren voran.

Die Zukunft der Herden und der Einzelgänger ist von nun an untrennbar mit dem Fluß verbunden. Die ersten Neuankömmlinge hat der Linyanti problemlos aufgenommen. Noch späht eine Löwin wie gewohnt von ihrer Aussichtsposition auf einem Termitenhügel. Gähnend recken sich die Flußpferde im Linyanti dem Tag entgegen. Eine Elefantenherde unterzieht sich gemächlich der Morgendusche. Ausgelassene Hyänen tun es ihnen gleich und liefern sich regelrechte Wasserschlachten. Die grossen Hyänen, die Wölfe Afrikas, sind die stärksten Konkurrenten der Löwen und ebenfalls vorzügliche Nachtjäger. Die vermeintlich feigen Leichenfledderer stehen den Löwen in puncto Ausdauer, Geschicklichkeit und Angriffsgeist in nichts nach. Oft ist es sogar so, daß die flinken Hyänen die Beute reißen, dann aber den dazukommenden Löwen den Großteil der Beute überlassen und sich am Ende mit den Resten begnügen müssen.

Doch nun wird Linyanti zur Bühne, auf der das Drama des Wandels seinen Lauf nimmt. Der Lebensraum wird enger. Ein Gefühl der Unruhe ergreift die Bewohner. Aufgescheuchte Paviane springen hektisch durch den Wald, der sich am Ufer des Linyanti erstreckt. Von fern nähert sich die erschöpfte Flußpferdmutter mit ihrem Kind. Bald haben sie es geschafft. Die Kuh wittert bereits das Wasser und hört die Geräusche des Lebens dort. Doch der Linyanti ist auch ein bedrohlicher, ein fremder Ort, dessen Schönheit von seiner Wildheit aufgewogen wird – und er bleibt nicht so, wie er sich jetzt darbietet.

Die über Jahre anhaltende Trockenheit zieht immer mehr Tiere der verschiedensten Arten in die Nähe des vergessenen Flusses. Zuvor in überreichem Maß vorhandene Ressourcen beginnen langsam knapper zu werden. Das feste Gefüge des Linyanti gerät allmählich unter dem Ansturm der vielen Bedürftigen ins Wanken. Der ausbleibende Regen verschärft den Überlebenskampf.

Mit der Verzweiflung einer Mutter versucht sie, ihren Wurf zu retten, nie ist sie bereit, ein Ferkel zugunsten eines anderen aufzugeben.

Im noch satten Grün des Flußufers grast genüßlich eine Warzenschweinfamilie. Lange nach oben gebogene Hauer, ein Paar weit oben liegende Augen, die fast die kleinen, zugespitzten Ohren berühren, zwei Paar fleischige Auswüchse unter den Augen, eine lange Rückenmähne und ein merkwürdiger, peitschenähnlicher Schwanz mit einer lustigen Haarquaste zeichnen dieses afrikanische Wildschwein aus. Es liebt die Flußebenen. Hier kann es ausgiebig im Schlamm baden, um sich von lästigen Hautparasiten zu befreien.

Doch allerlei Jäger haben es auf das Schwein abgesehen, und bald sind Mutter und Ferkel von Schakalen umzingelt. Schakale sind kleine, schmale, hundeähnliche Allesfresser mit langen Beinen und buschiger Rute. Ihr Speiseplan reicht von Obst und Reptilien über Vögel zu Gazellen und Aas. Die Schakale, flinke und muskulöse Läufer, gelten in Afrika und im Orient keineswegs als feige Aasfresser, sondern als »Wesire des Königs der Tiere«.

Obwohl sie die fürchterlichen Hauer des Warzenschweins kennen und wissen, daß es trotz seiner 100 Kilogramm Körpergewicht einen schnellen Antritt hat, schnappt ein Schakal sich blitzschnell ein Ferkel aus unmittelbarer Nähe der Mutter. Die Mutter paßt jedoch auf und der Schakal läßt erschrocken das Ferkel wieder fallen. Die Mutter dreht sich, um sich den anderen Angreifern zu stellen – und wieder schnappt der Schakal zu. Er will das Ferkel fortschleppen, aber die Mutter jagt es ihm wieder ab. Ständig verändern die Schakale ihre Angriffsrichtung und verwirren damit die Mutter. Sie kann nicht gleichzeitig alle Jungen unter Kontrolle halten, die aufgeregt durcheinanderlaufen. Mit der Verzweiflung einer Mutter versucht sie, ihren Wurf zu retten. Nie ist sie bereit, ein Ferkel zugunsten eines anderen aufzugeben. Aber damit spielt sie den Schakalen in die Hände. Indem sie eines der Jungen rettet, bleibt notgedrungen ein anderes ungeschützt. Der Kampf ist aussichtslos. Die Schakale sind in der Überzahl und schleppen zwei Kinder fort. Dann ist der Kampf vorbei, die Schakale haben genug, die Mutter trollt sich mit den beiden überlebenden Jungen – eines davon schwer verletzt – von dannen.

Eine weitere Szene im Drama des Überlebenskampfs ist gespielt worden. Am

Von allen Affen sind die Paviane diejenigen, die sich am besten am Boden bewegen können, auch wenn sie am liebsten durch die Baumkronen tollen.

Der Kampf mit den Schakalen ist vorbei. Die Warzenschweinmutter trollt sich mit den beiden überlebenden Jungen von dannen.

Linyanti, in diesem Land, das nur sich selbst gehört, gilt ein Gesetz, das weder Gut noch Böse kennt. Gut und Böse verschmelzen zu einem Seinsgefüge jenseits von Moral und Ethik.

Der Überlebenskampf verschärft sich: nicht nur zwischen Jägern und Gejagten, sondern auch zwischen Artgenossen.

Endlich haben das Flußpferd und sein Junges den Fluß erreicht! Endlich sind sie am Ziel! Dort drüben, nur noch ein paar Schritte aus dem Wald heraus, da ist Wasser im Übermaß – und eine Flußpferdherde, der man sich anschließen kann. Entschlossen stapft die Mutter los. Wie auf ein Zeichen springt die am Ufer ruhende Herde auf und geht ins Wasser; die Mutter und das Kleine hinterher. Dann erst wird ihr klar: Sie ist nicht willkommen! Eines der ansässigen Flußpferde nähert sich und schnaubt bedrohlich. Neulinge werden nicht mehr akzeptiert, zu sehr ist die Herde bereits durchsetzt von Flußpferden, die der Trockenheit entflohen sind. Aber die Mutter ist wild entschlossen zu bleiben. Zu viele Strapazen liegen hinter ihr, als daß sie jetzt aufgeben würde. Das Kalb dicht hinter sich, stellt sie sich der aufgeschreckten Herde. Die Leittiere der Herde, Männchen wie Weibchen, versuchen einzeln und nacheinander die aufdringlichen Neulinge zu verscheuchen. Weit reißen sie die Mäuler mit den zwei riesigen, spitzen Zähnen im Unterkiefer auf. Gleich ungeheuren Fleischbergen stürzen sie sich auf die Flußpferdkuh. Das Wasser schäumt auf, und das Gepruste hallt furchteinflößend vom Waldrand wieder. Stundenlang dauert der Kampf, und immer wieder hält die Mutter dagegen, willensstark die letzten Reserven zum Einsatz bringend. Schließlich gewinnt sie mit ihrem tapferen Kampf dem Kalb und sich einen Platz in der Herde – ihre Position in der Rangordnung wird sich mit der Zeit ergeben. Warum ist die Aufnahme in die Herde so wichtig für das Flußpferd? Das Herdendasein bietet wenig Vorteile, doch instinktiv weiß sie, daß die Zukunft ihres Kalbs auch vom Schutz durch die Herde abhängt. Es mögen Zeiten kommen, in

denen sie allein den Platz im Wasser nicht halten kann.

Im Hinterhalt lauert der Leopard.

Aus sicherem Beobachtungsposten in einem Baum beobachtet ein Leopard das Geschehen. Sein gelbes Fell mit den schwarzen Flecken ist ihm eine hervorragende Tarnung. Wie alle Katzen kann er mühelos auf Bäume klettern, wo er in Ruhe und ungestört von anderen Tieren, seine Beute verzehrt. Er jagt allein und lautlos. Seine Beute ist kleiner als die der Löwen, Hyänen und afrikanischen Wildhunde – er meidet diese Konkurrenz.

Wie ein Schatten bewegt er sich durchs Dickicht auf eine friedlich äsende Herde Schirrantilopen zu. Die Antilopen sind die Landschaftpfleger der Savanne. Für das Gedeihen des Grases ist es außerordentlich wichtig, daß die Halme stets kurz gehalten werden. So kann es schnell nachwachsen, sich kräftig entwickeln und wird vom Gewicht der durchwandernden Elefanten oder Nashörner nicht zertreten. Die Antilopen sorgen dafür, immer auf der Hut vor den Jägern.

Beständig spielen die Ohren der Antilopen in alle Richtungen, um Gefahrgeräusche aufzufangen. Lautlos aber kauert der Leopard im Hinterhalt. Seine Schwanzspitze schlägt langsam hin und her, leicht vibrierend vor Anspannung. Er ist bereit zum Sprung. Da zerbirst die Stille des Lauschens und Lauerns! Paviane in den Baumkronen kreischen auf – und die Antilopen setzen mit großen, flachen Sprüngen durchs Wasser zur Flucht an. Der Leopard spurtet los! Doch die Schirrantilopen haben bereits den Wald erreicht. Zwischen den dichtstehenden Bäumen sind sie sicher. Enttäuscht bleibt der Leopard stehen. Beruhigt äsen die Antilopen weiter. Wie zum Dank werfen sie einen langen Blick nach oben, wo ihre Bewacher, die Paviane, ausgelassen durch die Bäume tollen.

Obwohl die Affen scheinbar in heillosem Durcheinander umhertoben, leben sie doch in einer gut durchorganisierten Gesellschaft, in der jedes Mitglied nach dem Alter, der Körperkraft und der Erfahrung seinen Platz hat. Die Gruppe

Die Hyänen, die Wölfe Afrikas, müssen die besten Stücke meist den Löwen überlassen, selbst wenn sie als erste zur Stelle waren. Sind sie an der Reihe, bohren sie die Schnauzen gierig tief in die Beute.

Während die Männchen ruhen, gehen die Löwinnen des nachts gemeinsam auf Jagd. Genüßlich und in aller Ruhe verzehren sie das gerissene Zebra.

wird von keinem besonderen Leittier geführt, alle respektieren die Entscheidungen der kräftigsten Männchen. Das hat den Vorteil, daß die Gruppe nie führungslos wird. Von allen Affen sind Paviane diejenigen, die sich am besten am Boden bewegen können, doch das Reich der Äste und Lianen ist ihnen letztendlich lieber. Die Paviane sind den Antilopen nicht nur als Bewacher behilflich, sondern versorgen sie auch noch mit Futter. Während sie in den Bäumen herumtollen und fressen, fallen Laub und Äste auf den Boden. Die Antilopen brauchen nur in der Nähe zu bleiben und sich an den herabfallenden Blättern gütlich zu tun: ein wunderbares Zusammenspiel der Natur.

Mehrere Jahre dauert die Trockenheit nun schon an. Der rettende Linyanti zeigt die ersten tiefen Wunden. Er kann nicht allen Tieren, die mittlerweile von weither gekommen sind, Lebensraum bieten. Vor allem nicht jenen, die es gewohnt sind, durch die weiten Savannen zu streifen – und dort, nachdem sie weitergezogen sind, der Natur regelmäßig Gelegenheit zur Regeneration zu geben.

Den vernichtendsten Schlag gegen die Vegetation, im besonderen aber den Wald, führen die Elefanten. Widerstandsfähig und klug wie sie sind, schaffen es immer größere Herden von Elefanten, den Trockengebieten zu entkommen. Auf ihren Wanderungen benötigen die gefräßigen Dickhäuter täglich mehr als 250 Kilogramm Grünfutter. Und dieses wird immer spärlicher am Linyanti, so daß die Elefanten in die Uferwälder ausweichen müssen.

Die Stoßzähne und der Rüssel sind hervorragend dazu geeignet, sich Grünzeug jedweder Herkunft zu beschaffen. Der lange, wendige Rüssel kann auch von hochhängenden Zweigen Blätter und Rinde abstreifen. Und kommt man nicht mehr heran, weil nur mehr in der Krone Blätter bleiben, klemmt man den Baumstamm einfach zwischen Rüssel und Stoßzähne und reißt ihn mitsamt den Wurzeln aus dem Boden. Umso leichter geht das mit vertrocknenden Bäumen – diese saft- und kraftlosen Stämme braucht man nur umzustoßen.

Der Wald stirbt. Jedes Jahr kommen neue Elefanten hinzu und reißen größere Löcher in den grünen Baldachin. Am Ende haben sie Kleinholz aus ihm gemacht, und es ist fraglich, ob hier je wieder Hochwald wachsen wird.

Der Fluß hat genügend Wasser, um den Durst der Flüchtenden zu stillen, doch ihren Hunger kann er nicht sättigen.

Der Linyanti erhält keine Chance zur Erholung. Im Gegenteil: Die Anzahl der einfallenden Tiere wächst von Jahr zu Jahr mehr an.

Und die Rettungssuchenden kommen nicht nur auf dem Landweg, sondern auch aus der Luft. 1985 ziehen dunkle Wolken auf über dem Linyanti: »Heuschreckenvögel«! Als solche werden die Blutschnabelweber bezeichnet, die nun Jahr für Jahr in steigender Zahl über den Linyanti herfallen. Nur zwölfeinhalb

Die Löwendamen müssen warten, bis der Löwenpascha die besten Stücke verschlungen hat.

Manchmal bleibt nichts anderes übrig, als auch die Knochen abzunagen.

Zentimeter groß, sind die rotschnabligen Vögel zu Tausenden, dann zu Hunderttausenden auf Wassersuche. 1988 gar schwirren mehr als 100 Millionen über dem Schilf des Flusses. Ihre Flügelschläge erzeugen einen künstlichen Wind, wenn sie einem Teppich gleich über der Wasseroberfläche schweben, um zu trinken. Die Krokodile brauchen nur in den fliegenden Teppich hineinzubeißen, um große Mengen der kleinen Vögel zu verschlingen. Nach der Tränke ziehen sich die gewaltigen Schwärme in den Wald zurück, um sich an den Insekten und Samen gütlich zu tun. Dicht an dicht besetzen sie jeden Winkel, und nicht selten brechen Äste unter dem Gewicht der Invasoren ab.

Seit Millionen Jahren zelebrieren die Krokodile das gleiche Ritual.

Nahezu unberührt vom um sie tobenden Überlebenskampf bleiben die Krokodile: Die Zeit scheint für sie weder Anfang noch Ende zu haben. Seit Millionen von Jahren zelebrieren sie das gleiche Ritual. Wenn die Zeit gekommen ist, verläßt das Weibchen das Wasser. Am Flußufer beginnt es, mit den Vorderfüßen den Boden aufzugraben. Der Kopf bleibt dicht an den Boden geschmiegt: Es lauscht auf die Geräusche in der Erde. In der Kehle kann es den fremden Herzschlag spüren. Vor drei Monaten hat es hier in einem weiten, flachen Loch seine dreißig bis neunzig Eier abgelegt. Nun sind die Jungen so weit, daß sie schlüpfen können. Ein Fortsatz an der Schnauzenspitze ermöglicht es ihnen, die Schale zu durchbrechen. Quiekend verlassen die etwa fünfzehn Zentimeter langen Babys ihr bisheriges Zuhause. Mit unglaublicher Behutsamkeit nimmt die Mutter ein Junges nach dem anderen in ihren großen, zahngesäumten Rachen und trägt sie ins Wasser. Wenn Sie so klein sind, müssen sie noch von der Mutter geschützt werden.

Doch auch das Krokodil bleibt vom Wandel nicht unberührt. Seit Urzeiten kommen die kleinen Krokodile am Linyanti in natürlichen Aussparungen des Flußdickichts zur Welt. Doch die niederen Gewächse sind der Dürre und den Tieren bald zum Opfer gefallen. Die

Eier müssen anderswo abgelegt werden. Nur die Papyrusinseln im Linyanti scheinen den Krokodilen noch sicher genug. Doch den stets wachsamen Jägern der Umgebung entgehen diese Notmaßnahmen nicht. Ein Schakal sieht die Gelegenheit und schleicht sich an die nur leicht bedeckten Eier heran. Er verzehrt das Ei nicht sofort, sondern trägt es geschwind davon – um es an einem sicheren Ort zu vergraben.

Auch die Krokodile müssen sich den veränderten Umständen anpassen.

Seit Millionen von Jahren passen sich die Krokodile an. Und es ist ihre Anpassungsfähigkeit, die ihnen seit 150 Millionen Jahren das Überleben sichert.
Am Ufer steigt die Zahl der Elefanten auf 20 000. Der Wald ist zerstört, die Nahrungsquellen an Land sind versiegt. Die Papyrusinseln im Linyanti sind nun die letzte Nahrungsbastion. Die Dickhäuter schwimmen hinüber: den gesamten Körper unter Wasser und den Rüssel als Schnorchel benutzend. Auf den Inseln fallen sie über die Papyrusweiden her. Mit den Rüsseln reißen sie riesige Büschel davon aus.
Die beim Fressen abbrechenden Schilfrohre fallen ins Wasser und treiben flußabwärts. An einer Enge bleiben sie hängen und stauen sich. Im Laufe der Zeit fassen die Wurzeln der Schilfrohre wieder Fuß und sichern die entstehende Schilfmatte.
Schlick sammelt sich an der neuen Insel an, das Wasser findet keinen Abfluß mehr, staut sich und überflutet schließlich die Sumpfinseln. Doch diese sind die einzige Zuflucht der Sitatunga-Antilopen. Sie sind im Wasser zu Hause, schwimmen ausgezeichnet und können bei Gefahr bis auf die Nüstern vollkommen untertauchen. Die Natur hat sie mit außergewöhnlich langen, elastischen Hufen ausgestattet, mit denen sie den treibenden Papyrus mit Leichtigkeit überqueren können. Über die Jahre hinweg, nachdem der Damm immer fester und größer geworden ist, ändern sich die Wasserläufe und der Charakter des Flusses. Nun ist auch die Zeit der Sitatunga gekommen: Sie müssen ihr Zuhause verlassen.

Die Papyrusinseln im Linyanti sind die letzten Futterreserven für die hungrigen Elefanten.

Jagen und Gejagtwerden: Das Gesetz der Savanne kennt keine Gnade. Dieser Kaffernbüffel ist dem Tod geweiht.

Aber solche Folgen sind natürlich; die Elefanten sind nur die Ausführenden des großen Wandels. Während die Abfallprodukte ihres Fressens stromabwärts den Flußlauf blockieren, beseitigt eben dieses Fressen an anderen Stellen die Papyruskolonien – und es entstehen neue Lagunen. Die Wege der Elefanten, ihr Bad und Spiel lockern den Schlamm auf und setzen den Wasserfluß wieder in Gang. Der Fluß sucht sich neue Wege. Die Afrikanischen Wildhunde nutzen die Zerstörungen der Elefanten zu ihrem Vorteil. Im nun stark gelichteten Wald bringen sie ihre Jungen zur Welt. Unter den umgestürzten Bäumen finden sie ein sicheres Versteck, um ihre Höhlen zu graben. Afrikanische Wildhunde leben in Rudeln, in denen eiserne Disziplin herrscht und die von häufigen Kämpfen um die Rangordnung geprägt sind. Ihr Verhalten ist durch genaue Regeln bestimmt. Normalerweise ist im Rudel nur ein einziger Wurf erlaubt. Jetzt aber, bei den einfachen Jagdmöglichkeiten und sicheren Schlupfwinkeln, darf mehr als ein Weibchen austragen. Der Afrikanische Wildhund ähnelt zwar der Hyäne, ist aber mit dem Wolf und dem Hund verwandt. Sein typisches Merkmal sind die großen abgerundeten Ohren. Die Fellhaare sind kurz und struppig und zeigen ein sehr variables Muster von schwarzen, braunen, weißen und gelben Farbtönen. Die Welpen, verspielt und tapsig wie alle Babies, tollen unter der Aufsicht ihrer Mütter nach Herzenslust auf ihrem von den Elefanten geschaffenen Naturspielplatz herum.

Auch die Freßgewohnheiten der fast 3000 Flußpferde bleiben nicht ohne Auswirkungen auf den Linyanti.

Scheinbar unbeeindruckt vom Wandel an Land genießen die Flußpferde die Ruhe am Wasser. Die Flußpferdmutter und ihr Kalb sind mittlerweile völlig in die Herde integriert. Beruhigt kann sie das Junge der Obhut der Herde überlassen, während sie ins Wasser geht, um sich abzukühlen. Das Junge spaziert zwischen den schlafenden Tieren umher, beschnuppert hier einen riesigen Körper und äugt dort in ein offenes Maul. Und immer ist es in Begleitung der Vögel, die sich auf seinem Rücken bedienen. Unbesorgt kann sich die Mutter am jungen Schilf in der neu entstandenen Lagune gütlich tun. Auch die Freßgewohnheiten der fast 3000 Flußpferde bleiben nicht ohne Auswirkungen auf den Linyanti. Nach stundenlangem Grasen ist die Mutter gesättigt und begibt sich wieder an Land. Doch wo ist das Junge? Sie findet es nicht mehr an der Stelle, wo sie es zurückgelassen hat. Ist es einem Krokodil zum Opfer gefallen? Voller Panik macht sie sich auf die Suche, wild schnaubend rennt sie durch die Herde, zu jedem Kampf um das Kind bereit. Gott sei Dank, da hinten ist es ja – erleichtert und liebevoll stubst sie das Kleine mit ihrem Kopf.
Jahr für Jahr hat der Linyanti Tiere in einer Zahl versorgt, die weit über seine Kräfte geht. Im Winter 1988 ist der Linyanti müde geworden. Die Bäume ragen wie Stecken aus der Landschaft. Die Elefantenherden hüllen die Ebene in Staub. Die riesigen Schwärme der Blut-

Auf ihren Wanderungen benötigen die gefräßigen Elefanten täglich mehr als 250 Kilogramm Grünfutter.

schnabelweber verdunkeln das Licht. Die letzten Ressourcen sind verbraucht. Wie Geier über das Aas sind die Tiere über den Linyanti hergefallen. Nun ist alles kahl und abgestorben.

Aber der vergessene Fluß Linyanti hat Tausenden von Kreaturen, die sonst verendet wären, Rettung gewährt. So wie der Tod vieler Tiere den Fortbestand von anderen gewährleistet hat: Die Raubtiere haben sieben fette Jahre genossen. Die Not war ihr Verbündeter. Die Zahl der ansässigen Löwen hat sich beträchtlich erhöht, denn die Territorien am Fluß haben alle gut ernährt. Sie waren es wert, verteidigt zu werden. Ruhe scheint eingekehrt zu sein am müden Linyanti. Die Flußpferde gehen ihrem geruhsamen Tagesablauf nach, die Löwen begeben sich Nacht für Nacht auf ihre einfachen Beutezüge. Zu Dutzenden drängen sie sich an der Wasserstelle, um den Durst zu löschen. Unbeeindruckt davon suhlen sich die Elefanten im Schlamm. In der Nähe grast eine Tsessebe-Zebra-Herde.

In der Luft liegt der Geruch des Todes.

Die Natur steht jedoch nie still. Wieder kündigen sich Veränderungen an. Grell erleuchtet ein Blitz die Nacht. Verschreckt fährt ein männlicher Löwe auf. Die Spannung ergreift auch die Zebra-Herde. Unruhig laufen die Tiere hin und her. In der Luft liegt der Geruch des Todes. Schon setzen die Löwinnen zum gemeinsamen Angriff an: Das Zebra hat keine Chance. Noch bevor es durch den Todesbiß in den Hals stirbt, haben die Löwen bereits begonnen, seine Hinterbeine aufzureißen. Die ersten Bissen gehören aber nicht den jagenden Löwinnen, sondern unbestritten dem männlichen Familienoberhaupt. Der Jagderfolg stachelt zu weiteren Angriffen an. Diesmal töten sie gleich mehrere Zebras auf einmal. Todesschreie hallen durch die Nacht, gefolgt vom Siegesgebrüll der Löwen. Das frische Blut berauscht sie. Verbittert kämpfen sie untereinander um den besten Bissen – so als wäre es ihre letzte Mahlzeit.

Die Löwen haben es gespürt, der Tag des großen Wetterumbruchs ist gekommen, die fetten Jahre werden ein Ende haben. Plötzlich öffnet der Himmel sei-

ne Schleusen, schüttet das so lange ersehnte Naß herunter. Wieder zucken Blitze durch die Nacht. Das ausgemergelte Land scheint alle Poren zu öffnen und jeden Tropfen in sich aufzusaugen. 1989 regnet es monatelang nahezu ohne Unterbrechung, mehr, als in den 30 Jahren davor zusammen. Staub und Hitze werden fortgewaschen. Genüßlich räkeln sich Elefanten, Antilopen, Flußpferde und Zebras in der kräftigen Dusche. Vorbei sind die Zeiten der Wassersuche und der Entbehrungen. Der Linyanti erholt sich schnell: Bald wachsen wieder die Gräser, gedeihen Bäume und Blumen.

Das Jagen und Gejagtwerden hat nie ein Ende.

Die Zeit zum Aufbruch ist gekommen. Die ansässigen Raubtiere, besonders die Löwen, sehen mageren Zeiten entgegen. Andere, die wie die Wildhunde keine Territorien zu verteidigen haben, machen sich bereit, den Herden zu folgen. Das Jagen und Gejagtwerden hat nie ein Ende. Im niedrigen Gras folgen sie einer Zebraherde, die einige Jungtiere dabei hat. Eines der Tiere kann mit dem Tempo der Herde nicht mithalten und lockt die Wildhunde an. Doch die Leittiere lassen sich zurückfallen und bilden eine Verteidigungslinie. Mit gesenkten Köpfen galoppieren sie auf die angreifenden Hunde zu, diese weichen geschickt aus, bleiben den Zebras jedoch dann wieder hautnah auf den Fersen. Räuber und Verfolgte bewegen sich im Parallelschwung über die Ebene. Es entspinnt sich ein rhythmischer Tanz des Angreifen und Zurückweichens – so, als ob die Natur selbst das Ende der Dürre feiern wolle. Doch für die Protagonisten dieses ewigen Tanzes ist es der unerbittliche Kampf ums Überleben.

Auch die an den Linyanti gekommenen Flußpferde verlassen ihre Gastherden. Nur Mutter und Kalb zögern noch aufzubrechen. Sie sind zu weit gewandert, um nun wieder auf die Reise zu gehen. Sie werden am Linyanti bleiben.

Selbst Krokodile sind auf der Hut vor den gewaltigen Hauern der Flußpferde.

Der Linyanti hat zurückgefunden zu seinem alten Rhythmus. Auch kommenden Generationen wird er selbstlos Zuflucht gewähren.

Für einen kurzen Augenblick, gemessen mit der Uhr der Natur, hat der Linyanti den Herden der Savannen Zuflucht gewährt. Ohne den Fluß hätten sie keine Überlebenschance gehabt. Nun ziehen sie wieder hinaus, zerstreuen sich wie der Wind in den wilden Weiten Botswanas, die durch den Regen neue Kraft schöpfen können. Nur in diesem Teil Afrikas verkraftet die Wildnis noch den freien Lauf der riesigen Herden. Nur in dieser sonderbaren, unberechenbaren Landschaft, in der sich die Flüsse nicht ins Meer sondern in die Wüste und die Erde ergießen, hat die Natur den Freiraum, den sie zum Erschaffen, zum Zerstören und zum Wiedererschaffen braucht. Die kleinen Dramen, die sich am Linyanti abgespielt haben, waren notwendig für den Fortbestand des Ganzen. Veränderungen sind ein Teil des natürlichen Lebensrhythmus, und alle, die zum Linyanti kamen, haben als Agenten des Wandels gewirkt.

Der Wald ist bereits dabei, sich zu erholen. Die Elefanten werden wiederkommen und ihn niedertrampeln – immer wieder, Generation auf Generation. Der Fluß wird sich weiter verändern. Doch er wird der vergessene, der verheißene Fluß bleiben.

An wenigen Orten auf unserem Planeten kann Natur noch Plätze wie den Linyanti auf Vorrat halten. Nicht nur Tausende von Kreaturen verdanken ihm das Leben, er ist auch eine Ressourcenreserve.

In Ägypten entstand einst eine Zivilisation, die für die Ewigkeit geschaffen schien. Doch ihr Vermächtnis ist heute von Zerstörung bedroht. Dies ist die Geschichte Ägyptens – und des Versuchs sein Erbe zu retten.

Ägypten – Spur der Ewigkeit

Sie selbst nannten sich »Romet«, Menschen, und ihr Land hieß »Kemi«, schwarze Erde. Über dreißig Jahrhunderte währte die Blütezeit dieser einzigartigen Kultur. In dieser Zeit schuf das Volk am Nil die großartigsten Bauwerke, die die Menschheit je gesehen hat.

Ihre Kultur war Ausdruck der Suche nach dem Sinn des Lebens und der Sehnsucht nach Unsterblichkeit. »Solange der Himmel besteht, mögen Deine Bauten überdauern und Dein Name gepriesen werden in alle Ewigkeit«, heißt es in einer dreitausend Jahre alten Inschrift für den Gottkönig Ramses II.

Doch die fortschreitende Umweltzerstörung macht auch vor diesen erhabensten der Denkmäler nicht halt. Den Zeugnissen einer Kultur, der fünftausend Jahre nichts anhaben konnten, droht in absehbarer Zeit die endgültige Vernichtung.

Wissenschaftler aus allen Ländern haben damit begonnen, die Relikte der Pharaonen, wo sie nicht erhalten oder rekonstruiert werden können, auf Papier und Film zu bannen. Eine Jahrtausende alte Zivilisation wird katalogisiert, um vor künftigen Generationen Zeugnis über ihre Größe ablegen zu können. Moderne Archäologen setzen heute fort, was die alten Ägypter in Bann hielt: die Suche nach der Ewigkeit.

Vorherige Seiten: Die Bauwerke der ägyptischen Wunderzivilisation zählen zu den atemberaubendsten Monumenten der Menschheitsgeschichte. Die Pyramidengruppe von Gizeh legt davon Zeugnis ab.

Der Glaube an ein Weiterleben nach dem Tod führte zu herausragenden Ausschmückungen der Gräber: hier ein Wandbild im Grab Sennodjem.

Langsam bahnt sich der Nil seinen Weg durch die endlose Weite der ägyptischen Sandwüsten. Seine kostbaren Wasser gebaren und hielten eine der großartigsten Zivilisationen am Leben, die je auf unserem Planeten entstanden ist.
Der Nil, mit einer Länge von 6500 Kilometern der längste Fluß der Erde, entspringt unterhalb des Äquators im Gebiet des Victoria- und Albertsees. Seine Quelle ist für die alten Ägypter der Beginn der Welt. Eine alte Überlieferung berichtet, daß alles, was die Welt an Unbeseeltem und Beseeltem enthält, also auch die Erde selbst und alles Leben auf ihr, einst aus den Wassern des Nil geboren wurde.
Dieser Schöpfungsmythos aus frühester Zeit findet bis in die jüngste Vergangenheit hinein jedes Jahr seine Bestätigung: Auf seinem langen Weg durch die Papyrussümpfe des heutigen Sudan und durch das äthiopische Hochland nimmt der Fluß große Mengen fruchtbaren Schlamms mit sich. Seit der Jungsteinzeit überschwemmt er einmal im Jahr die Ufer der nordafrikanischen Wüste und läßt einen schmalen Streifen fruchtbarer »schwarzer Erde« zurück. Das Niltal ist das einzige bewohnbare Gebiet innerhalb des »großen roten Landes«.
»Ägypten ist ein Geschenk des Nil«, soweit hat der griechische Schriftsteller Hekataios Recht. Doch von den Bauern der Jungsteinzeit, die an den Ufern des Stroms seit dem ausgehenden 5. Jahrtausend v. Chr. Ackerbau betreiben, wird zunächst ein hartes Stück Arbeit gefordert. Das Niltal ist anfangs alles andere als der Garten Eden: Wenn im Sommer die große Überschwemmung einsetzt, steht das tiefergelegene, fruchtbare und bewohnbare Land unter Wasser, das höhergelegene Land jedoch bleibt Wüste.
Zudem trocknet der angeschwemmte Schlammboden in der glühenden Sonne schnell aus, und die Wasser führenden Seitenarme versickern ebenso schnell im Sand. In langer, unendlich mühevoller Arbeit bauen sich die Niltalbewohner ein ausgeklügeltes System von Kanälen und Dämmen, das die Wassermassen bändigt und nutzbar macht.
Um den Zeitpunkt der Überflutungen exakt voraussagen zu können, entwickeln sie einen Kalender, der das Jahr in 365 Tage und 12 Monate einteilt – unser heutiger Kalender ist lediglich eine

Bis heute dienen an der Luft getrocknete Ziegelsteine als Baumaterial in den kleinen Dörfern am Nil.

Der Nil mit seinen grünen Uferstreifen ist die pulsierende Lebensader Ägyptens.

Weiterentwicklung des ägyptischen. Um 3000 v. Chr. finden sich bereits zahlreiche blühende Siedlungen an den Ufern des Nil. Gespeist vom reichlich vorhandenen Wasser gedeihen das Land und seine Erzeugnisse. Der abgelagerte Schlamm ist jedoch nicht nur Grundlage der Landwirtschaft, sondern auch der wichtige Grundstoff für die Herstellung von Tongefäßen und Ziegelsteinen.
Zunächst werden Ziegel nur in den Grabanlagen hochrangiger Verstorbener verbaut. Dann errichtet man auch die »Wohnungen der Götter und Könige«, die Tempel und Paläste, und schließlich die Wohnhäuser der Reichen aus Ziegeln. Schilf- und Lehmhütten sind bald nur noch Behausungen für das Volk. Die junge Kultur erlebt ihre erste Blütezeit.

Ein ausgeklügeltes Bewässerungssystem sorgt dafür, daß das lebensspendende Wasser des Flusses die Felder erreicht. Mit der Archimedischen Schraube kann das Wasser in die Kanäle übergeleitet werden.

Die farbenprächtige Lotusblüte symbolisiert die Entstehung der Welt aus den Wassern des Nil.

»Heil Dir, großer Nil«, entsprungen der Erde, Ägypten zu ernähren. Nahrungsspender, großer Geber, der Du alles schaffst, was gut ist.«

In zahlreichen Hymnen ehren die Ägypter die Quelle ihres Wohlstandes, »die Welt entsteht aus den Wassern des Nil«. Sie beginnen, Handel zu treiben. Ihre Boote fahren nordwärts mit der Strömung und bringen ihre Waren nach Phönizien, Griechenland und in den Libanon, und weiter bis nach Babylon und ins ferne Asien. Südwärts segelt man mit dem Wind zu den benachbarten Puntern und Nubiern.
Der Nil ist die Seele des Landes. Und die Lotusblüte, die an seinen Ufern wächst, ist den Ägyptern das Zeichen der Erinnerung: Das erste, was den Wassern entsprang, war die Lotusblüte. Aus ihr wurde die Sonne geboren und aus ihr entstieg der Weltenschöpfer, der das Land schuf. Der Lotus symbolisiert die Entstehung der Welt aus den Wassern des Nil. Gleichzeitig ist er Symbol für das Volk von Oberägypten.
Das Zeichen des unterägyptischen Volkes ist ebenfalls untrennbar mit dem Nil verbunden: der Papyrus. Diese Pflanze wächst in den Sumpfgebieten des Nildeltas und wird zur Herstellung einer Vielzahl von Gegenständen verwendet,

Auf die getrockneten Blätter der Papyruspflanze schrieben die Ägypter ihre ersten Zeichen.

Dank einer genialen Bautechnik vermochten es die Ägypter, die mächtigen, über zwei Tonnen schweren Kalksteinblöcke zu den Pyramiden-Riesenbauten aufzuschichten.

In unmittelbarer Nachbarschaft der Millionenstadt Kairo liegen die überwältigenden Pyramiden von Gizeh mit der geheimnisvollen Sphinx.

auch als Schriftträger (der Name *Papier* leitet sich davon ab). Die Papyruspflanze gilt als Sinnbild der entstehenden Welt aus dem Wasser – der Sumpf, in dem sie wächst, ist der Vermittler, der Übergang von Wasser zur Erde, zur Schöpfung.
Nach der Vereinigung Ober- und Unterägyptens werden beide Symbole zusammen dargestellt, als Ausdruck der neuen ägyptischen Doppelmonarchie.
Der Gründung eines einheitlichen ägyptischen Reiches gehen jedoch erbitterte Kämpfe zwischen den Herrschern Ober- und Unterägyptens voraus. Erst unter der Regierung von König Narmer findet 3100 v. Chr. der Zusammenschluß statt. Zum Zeichen seiner Herrschaft über beide Länder trägt der König eine Doppelkrone: Auf der geschwungenen »roten Krone« Unterägyptens sitzt die »weiße Krone« Oberägyptens, die entfernt an eine Bischofsmütze erinnert. Seit dieser Zeit tragen alle Könige und Pharaonen eine Doppelkrone – Ägypten wird nie mehr getrennt.

»Freue Dich, o ganzes Land Ägypten! Die glücklichen Zeiten sind wieder angebrochen. Ein Herrscher hat sich erneut über alle Länder erhoben!«

Isoliert von den Nachbarn, geschützt durch Gebirge, Wüsten und das Meer, wird das Niltal ein idealer Nährboden für die aufstrebende, junge Zivilisation. Unmittelbar nach der Vereinigung befiehlt Narmer, mit dem Bau einer neuen Hauptstadt zu beginnen: Nekhen. In diesem Ort, der auch heute noch bewohnt ist, entsteht ein prachtvoller und mächtiger Palast, von dem heute noch einige Grundmauern aus Lehmziegeln erhalten geblieben sind. »Freue Dich, o ganzes Land Ägypten! Die glücklichen Zeiten sind wieder angebrochen. Ein Herrscher hat sich erneut über alle Länder erhoben!«, so begrüßt das Volk den neuen König.
In dieser Hauptstadt verschmelzen die Religionen, die Traditionen und die politischen Machtbereiche Ober- und Unterägyptens zu einem Ganzen. Hier entsteht ein perfekt organisiertes, einheitli-

ches Staatswesen, das gewaltige Aufgaben zu leisten imstande ist. Hier werden die Grundlagen gelegt für die am längsten währende Hochkultur des Altertums.
Der König ist ein reicher Mann. Seine Kornkammern sind voll und seine Schätze unermeßlich. Seinem Machtanspruch beugen sich alle, für seine Untertanen ist er ein Gott. Man wirft sich ihm zu Füßen, und es ist ein Privileg, die Erde vor seinen Füßen oder gar die Füße selbst küssen zu dürfen. »Seine Augen durchdringen die Tiefen allen Seins«, heißt es in einer Inschrift, »alles, was er befiehlt, wird Wirklichkeit.« Doch plötzlich gibt der König die Stadt ohne ersichtlichen Grund auf – hat eine Prophezeiung ihn dazu bewogen? Dennoch: In Nekhen beginnt die eigentliche Geschichte Ägyptens.
Dieser Beginn ist gekennzeichnet durch eine Fülle neuer Entdeckungen und Erfindungen. Die wichtigste ist sicher die Schrift. Doch die Entwicklung der Steinbauweise ist es, die von nun an jene Monumentalbauten ermöglicht, die das Bild der ägyptischen Kultur so entscheidend prägen werden.
Astronomie und Mathematik, die ihren ersten Höhepunkt im Kalender erreichten, werden weiterentwickelt, ebenso die Medizin. Die Ägypter wissen bereits um Zusammenhänge, die erst Jahrtausende später von den Europäern wiederentdeckt werden. Der größte Motor der Entwicklung ist jedoch ein Vermächtnis aus uralter Zeit – der Glaube an die Unsterblichkeit.

Erst mit Hilfe des »Steins von Rosette« gelang es dem französischen Archäologen Jean-François Champollion, die Bilderschrift der Ägypter zu entschlüsseln: hier ein Beispiel aus der Tempelanlage von Kom Ombo.

Der größte Motor der Entwicklung ist jedoch ein Vermächtnis aus uralter Zeit – der Glaube an die Unsterblichkeit.

Lange noch bevor der erste König seinen Palast errichten läßt, legt man Grabanlagen für die Toten an. Im »ewigen Land der Gräber«, wie Ägypten auch genannt wurde, gehört ein schönes Begräbnis von Anbeginn zu den höchsten Glückseligkeiten, die man sich erträumen kann. Herodot, der im 5. Jahrhundert v. Chr. schreibt, bezeichnet die Ägypter als die frömmsten aller Menschen: Tatsächlich ist über Jahrtausende jede ihrer Tätigkeiten, ihr ganzes Leben von der Religion durchdrungen: Und wenige Völker auf der Erde haben dem Tod und dem Streben nach Unsterblichkeit einen so beherrschenden Platz in ihrem Glaubenssytem eingeräumt.

Man sorgt sich mehr um sein Grab, das »Haus für die Ewigkeit«, als um die Wohnung. Möglichst gut ausgerüstet will man der Ewigkeit begegnen. Dazu werden die für das Leben nach dem Tod notwendigen Gegenstände mit den Toten begraben. Den Armen, die man außerhalb der Ortschaften im Sand verscharrt, gibt man lediglich ein paar Töpfe, das Notwendigste mit auf den Weg. Den Königen aber erbaut man ganze Totenstädte, Pyramiden und gewaltige Grabanlagen, um ihre Körper zu schützen und der Seele eine Heimstatt für die Ewigkeit zu geben. Diener, zahlreiche Gebrauchsgegenstände, Soldatenfiguren und unermeßliche Schätze werden in die Grabkammern gebracht und die Könige regelmäßig mit Nahrungsmitteln versorgt. Im Jenseits soll es ihnen an nichts fehlen. Priester verfassen für die Gottkönige Unterweltführer – Totenbücher –, um »die Unzufriedenheit im Herzen des Gottes zu vertreiben« und damit er »nicht von neuem sterben müsse«, wie auf einem Papyrus geschrieben steht. Bücher also, mit deren Hilfe man sich zurechtfinden kann, bis der Augenblick kommt, an dem die Unsterblichkeit eintritt. Denn nicht jedem, der stirbt, ist ohne weiteres die Unsterblichkeit bestimmt. Bis dahin befindet man sich als Toter gewissermaßen in einem Schwebezustand zwischen Tod und ewigem Leben und ist von der guten Vor- und Fürsorge der Lebenden abhängig. Erst, wenn man wiedergeboren wird, die Seele wieder eintritt in den verstorbenen Körper, ist die Unsterblichkeit erlangt.

Schließlich legt sich Osiris hinein und füllt den Sarkophag in seiner ganzen Länge aus.

Der erste Auferstehungsmythos der Menschheitsgeschichte findet sich an den Wänden des Tempelgrabes von Sethos I. in Abydos. Farbenprächtige Reliefs erzählen von Osiris, dem mythischen Weltenkönig, der Ägypten die Früchte der Erde und die Kultur schenkt. Aus Dank geben ihm die Menschen den Beinamen »das ewig gute Wesen«. Sein tierköpfiger Bruder Seth beneidet Osiris jedoch um die Liebe, die ihm von den Menschen entgegengebracht wird, und beschließt, ihn zu töten. Zu diesem Zweck versammelt er 72 Männer um sich, nimmt heimlich genau Maß vom Körper des Osiris und läßt danach einen prächtigen Sarkophag anfertigen. Während eines Gastmahls, an dem auch Osiris teilnimmt, wird der Sarkophag vor die Gäste getragen. Diese sind erstaunt und entzückt, und Seth verspricht, daß er den Sarkophag demjenigen schenken werde, der genau hineinpasse. Einer nach dem anderen versucht es, aber der Sarkophag ist zu groß. Schließlich legt sich Osiris hinein und füllt den Sarkophag in seiner ganzen Länge aus. Da stürzen sich Seth und seine Komplizen auf den Sarkophag, schließen den Deckel und versiegeln ihn mit flüssigem Blei. Danach setzen sie ihn auf dem Nil aus und lassen ihn aufs Meer treiben.

Der falkenköpfige Gott Horus, der Sohn von Osiris und Isis, ist ein häufiges Motiv der altägyptischen Malerei und Bildhauerei.

Nach mancherlei Abenteuern findet seine schöne Schwester und Gattin Isis den toten Gemahl und bringt ihn nach Ägypten zurück. Seth entdeckt den Leichnam, zerstückelt ihn und verstreut die Teile über ganz Ägypten. Wieder gelingt es Isis, sie aufzufinden und zusammenzufügen. Osiris erwacht zu neuem Leben.
Der Sohn von Osiris und Isis, der falkenköpfige Gott Horus, rächt seinen Vater, nachdem er zu voller Mannesgröße herangewachsen ist – allerdings verliert er im Kampf mit Seth ein Auge. Anubis, der schakalköpfige Totengott, balsamiert den Körper des Osiris ein und verhilft ihm somit zu ewigem Leben.
In vielen Grabmalereien wird dieser Mythos dargestellt: Osiris in ein Gewand eingewickelt, seine Arme auf der Brust gekreuzt und in den Händen Zepter und Geißel. Auf seinem Haupt trägt er eine weiße Krone mit zwei großen Federn.

»Mein Mund, meine Hände sind rein. Ich bin ohne Sünde, ohne Schuld, frei des Bösen.«

Osiris wird zum meistverehrten Gott im Niltal. Er steht für das Versprechen, daß es möglich sei, nach dem Tod wiedergeboren zu werden und Unsterblichkeit zu erlangen.
Der Tod als Vorbereitung auf die Unsterblichkeit ist jedoch keineswegs ein entsetzlicher Wartezustand. Die Grabmalereien zeigen, daß man sich das Leben nach dem Tod als angenehme Fortsetzung des irdischen Lebens vorstellt, als ein Land, in dem man sich weiterhin nach irdischen Maßstäben vergnügen kann: Früchte gibt es zuhauf, man kann auf Entenjagd gehen, dem leiblichen Wohlergehen fehlt es an nichts.

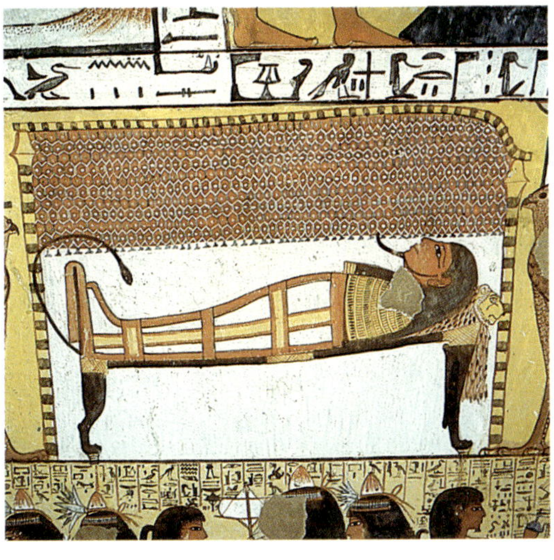

Um Unsterblichkeit erlangen zu können, mußte die Seele einen unversehrten Körper vorfinden. Deshalb mumifizierten die Ägypter ihre Toten. Die Mumien von Königen, hier in einer Grabmalerei dargestellt, zählen zu den faszinierendsten Funden der Ausgrabungen.

In den Totenbüchern finden sich auch Hinweise, wie man Dämonen und Göttern ausweichen kann, die den Weg in die Ewigkeit zu versperren suchen. Am Ende des Weges steht jedoch unausweichlich das Totengericht.
Anubis, der Gott mit dem Schakalkopf, führt den Toten vor den Richterthron, auf dem meist Osiris mit seiner Gattin Isis oder der Sonnengott Re sitzen. 42 schauerliche Unterweltsdämonen fungieren als Beisitzer. Das Herz des Toten wird in die Waagschale der Gerechtigkeit geworfen, und während sich der ibisköpfige, göttliche Schreiber Toth Notizen macht, werden die Taten des Verstorbenen abgewogen. Laut Totenbuch ist es ratsam, sich als Verstorbener an die Götter zu wenden und seine Unschuld zu beteuern: »Mein Mund, meine Hände sind rein. Ich bin ohne Sünde, ohne Schuld, frei des Bösen. (...) Ich habe keine Ungerechtigkeiten gegen die Menschen begangen, ich habe keine Tiere gequält, ich habe keine Gotteslästerung gesprochen, ich habe kein Weinen verursacht.«
Diejenigen, die als unbelastet eingestuft werden, können nun zu Osiris gelangen, in das »Land der untergehenden Sonne« einkehren. Wichtige Voraussetzung hierfür ist aber, daß ein Körper bereit steht, in den die Seele zurückkehren kann.
Anubis, Gott der Einbalsamierer erhält damit eine Schlüsselfunktion: Er bereitet den Körper für das künftige Leben vor, und ihn rufen die irdischen Einbalsamierer um Hilfe an, wenn sie einen Körper mumifizieren. Denn wichtig ist, daß der Körper möglichst unversehrt die Zeit überdauert, in der die Seele auf der Suche nach der Ewigkeit ist.
2000 Jahre nach der Gründung Nekhens durch König Narmer ist Theben die religiöse Hauptstadt Ägyptens und eine der reichsten und mächtigsten Städte der Welt.
Zu dieser Zeit sind bereits gewaltige Zeugnisse der ägyptischen Zivilisation wie die Tempelanlage von Luxor, die Sphinx oder die berühmten Gräber im »Tal der Könige« vollendet. Auch die

Pyramiden stehen bereits und mit ihnen das größte Bauwerk, das in der Antike errichtet wurde: die große Cheops-Pyramide. Sie besteht aus mehr als zwei Millionen Kalksteinblöcken, von denen jeder ein Gewicht von über zwei Tonnen besitzt. Hunderttausend Menschen mühen sich 20 Jahre lang ohne Hilfsmittel wie Räder, Pferde oder Eisenwerkzeuge, um die Cheops-Pyramide fertigzustellen. Gebaut wird hauptsächlich während der jährlichen Nilüberschwemmung, weil dann die Bauern, die ihre Felder zu dieser Zeit ohnehin nicht bestellen, als Bauarbeiter herangezogen werden können.

Damit ihr König sich mit dem Sonnengott vereinigen und ein Leben in Ewigkeit verbringen kann, werden die Pyramiden errichtet: gewaltige Totenhäuser, gebaut für die Ewigkeit. Von den einstmals Sieben Weltwundern der Antike haben nur die Pyramiden bis auf den heutigen Tag überdauert.

Im Theben der letzten Jahrhunderte des 2. Jahrtausends vor Chr. erreicht die ägyptische Kultur ihren Höhepunkt. Der griechische Dichter Homer macht Theben unsterblich: »Stadt der hundert Tore. Und durch ein jedes ziehen 200 Helden mit ihren Pferden und Streitwägen.« Im Zentrum der Stadt steht der Tempel des Amun in Karnak, die größte religiöse Kultstätte der gesamten Antike. Seit Generationen haben Herrscher den Gebäudekomplex erweitert und verschönert: Tutanchamun, dessen märchenhafte Grabbeilagen die Welt 3000 Jahre später staunen lassen; Hatschepsut, die Königin, die als »erste große Frau« in die Weltgeschichte eingeht; der häretische Echnaton, der als erster König an nur einen Gott glaubt – und Ramses II., der größte Bauherr aller Zeiten.

Blick über den Heiligen See zu den Ruinen des Amun-Re-Tempels von Karnak, dem größten Säulenbau, der je errichtet wurde.

Zur Zeit Ramses II. war Theben die größte und wohlhabendste Stadt der antiken Welt.

»So lange ich König bin, mein Vater, wird es sein, als ob Du auf dem Thron sitzt.«

Dieser König, auch Ramses der Große genannt, führt Ägypten in eine einmalige Blütezeit der Macht und des Wohlstands. Der erfolgreiche Feldherr befriedet das Reich, zeugt über 200 Kinder und regiert 67 Jahre lang. Er lebt und denkt in wahrhaft gigantischen Dimensionen. Über die Hälfte aller Bauwerke

Ägyptens künden von seiner Macht und seiner Größe, wobei Größe auch durchaus wörtlich zu verstehen ist: Ramses der Große mißt knapp zwei Meter.

Er ist gerade 20 Jahre alt, als sein Vater Sethos I. 1290 v.Chr. stirbt. Ramses läßt ihm ein Begräbnis ungekannten Ausmaßes zukommen, er errichtet ihm ein goldenes Standbild und läßt ihn als Gott verehren. Das Werk des Vaters zu Ende zu führen, wird für Ramses zur ersten Pflicht – und er erfüllt sie auf seine Weise.

König Sethos I. hatte angeordnet, daß sein Tempel in Abydos erbaut werden solle – der heiligsten Stadt Ägyptens. Eine der ersten Amtshandlungen des jungen Pharao ist es denn auch, sich dorthin zu begeben, und die Fertigstellung der Bauarbeiten persönlich zu überwachen.

In einer Inschrift des Tempels berichtet Ramses nicht ohne Stolz: »Ich befahl, das Werk meines Vaters zu vollenden und führte all die Arbeiten, die durch den Tod meines Vaters unvollendet geblieben waren, zu Ende.« Weiterhin gelobt er dem Vater, als ob er mit dessen Seele spräche, daß er alles, was Sethos je hätte tun wollen, all seine Pläne und Ziele, die nun durch seinen Tod unvollendet geblieben seien, zu Ende führen werde: »So lange ich König bin, mein Vater, wird es sein, als ob Du auf dem Thron sitzt.« Ein wahrhaft vorbildlicher Sohn!

Dieses Gelübde beflügelt den jungen Ramses, ehrgeizig nach militärischem Ruhm zu streben. Seine ersten Siege, derer er sich später rühmt, haben Archäologen allerdings als Grenzinspektionen ohne jegliche Feindberührung entlarvt. Als jedoch die Hethiter in Kadesch einfallen, kommt für Ramses die ersehnte Stunde der Bewährung. Während die meisten seiner Soldaten die Flucht ergreifen, schlägt er mit wenigen Getreuen 2500 hethitische Kampfwagen in die Flucht. So berichten es die Inschriften, die der König nach der Schlacht anfertigen läßt. Der Sieg festigt das Ansehen des jungen Herrschers entscheidend: Ramses II. muß nie wieder Krieg führen. Das Reich ist gesichert, und er kann seine Kräfte auf andere Aufgaben konzentrieren. Sein Rang als fruchtbarster Herrscher der Weltgeschichte ist nahezu unumstritten, dennoch kündet Ramses der Nachwelt in zahlreichen Bauwerken und Inschriften von einer Favo-

Ihren Königen errichteten die Ägypter gewaltige Grabanlagen, damit sie das ewige Leben erlangen konnten: hier die Pyramiden von Gizeh, Mykerinos, Chephren und Cheops sowie die drei kleinen Nebenpyramiden.

Während der Steinbrucharbeiten für die Cheops-Pyramide blieb ein roher Felsstumpf zurück, den die genialen Bildhauer des Chephren zur Sphinx formten.

ritin, seiner großen Liebe, der Prinzessin Nofretere:

»Prinzessin von großer Anmut,
Herrin der Zuneigung,
Voll süßer Liebe, Gebieterin
der zwei Länder,
Sängerin des wunderschönen
Antlitzes,
Größte im Harem des Herrn
des Palastes,
Alles, was du sagst, wird getan werden,
Alles Schöne nach deinen Wünschen.
Mit jedem deiner Worte
glänzt Zufriedenheit im Gesicht,
Die Männer lieben deine Stimme.«

Dem Schutzherren Thebens und dem mächtigsten Gott der Lebenden geweiht.

»Bis zur Höhe des Himmels« recken sich die Papyrus-Säulen des Luxor-Tempels.

Am Abend wirkt der von Ramses II. erbaute Eingang zur Tempelanlage von Luxor, im südlichen Stadtteil des antiken Theben, besonders faszinierend.

Nur seine Bauleidenschaft nimmt ihn noch mehr in Anspruch: Zahlreiche Großprojekte werden unter seiner Regierung in Angriff genommen oder fertiggestellt.
Auch die Tempelanlage von Luxor wird von Ramses weiter ausgebaut. Sie ist dem Sonnengott Amun-Re geweiht, dem Schutzherren Thebens und dem mächtigsten Gott der Lebenden. Sie steht am Ostufer des Nil, wo die Sonne aufgeht. Am gegenüberliegenden Ufer, wo die Sonne sich jeden Tag aufs neue senkt, liegen die Grabstätten: das Tal der Könige und das Tal der Königinnen.
Der Tempel wird mit riesigen Statuen, Obelisken und einer prachtvollen Hofanlage ausgestattet. Und auch Ramses läßt sich wie die meisten seiner Vorgänger dazu hinreißen, an bestehenden Bauteilen Veränderungen vorzunehmen, um die Leistungen seiner Vorgänger als die eigenen ausgeben zu können. An den Kolonnaden, die Tutanchamun hundert Jahre zuvor hat bauen lassen, läßt er systematisch den Namen des eigentlichen Bauherren entfernen und den eigenen einsetzen: Im Glauben, die Götter täuschen und das Bauwerk als sein Werk ausgeben zu können.
Aber Ramses' Baumaßnahmen verleihen dem Tempel von Luxor auch überragende Pracht: Das mächtige Eingangstor ist »der Horizont, von dem der Sonnengott aufbricht«. Und den Reliefs ist zu entnehmen, welch glänzendes Fest in der

Tempelanlage alljährlich abgehalten wird: das Fest der Opet. Dann wird die goldene Statue Amun-Res auf dem Hochwasser führenden Nil in einem eigens angefertigten Tempel-Boot von Karnak nach Luxor gebracht. Dann opfert Ramses im innersten Heiligtum des Tempels dem in Leinengewänder gehüllten Gott Weihrauch, Blumen und Speisen. Nach der Zeremonie führen die Priester die Prozession aus dem Tempel und reinigen durch Rituale den Weg, der vor ihnen liegt. Tausende von Bürgern drängen sich am Flußufer, um zuzusehen. Musikanten, nubische Tänzer, Soldaten und Priesterinnen begleiten die Prozession entlang des Nil. Nach Beendigung des Zuges wird der Schrein mit dem Gott wieder auf das Boot getragen und mit großem Zeremoniell verabschiedet man Priester, Gott und König, deren Boot nun zurück zum Tempel von Karnak gezogen wird. Dort begrüßen Nofretere und die Prinzessinen die ankommende Prozession.

In Terrassenform gräbt sich der gewaltige Totentempel der Hatschepsut in el-Bahari in die Hänge des Westgebirges. Die mittlere Achse des Bauwerks ist auf den Amun-Re-Tempel von Karnak am Ostufer des Nil ausgerichtet.

In den Kalksteinfelsen des Tals der Könige fanden die Leichname dreier Dynastien ihre letzte Ruhestätte. Doch über Jahrhunderte haben Räuber die Gräber geplündert. Nur Tutanchamun ruht noch unversehrt im Gräbertal.

Die Hieroglyphen, aus denen sein Name zusammengesetzt ist, tragen die Botschaft »es war Re, der Sonnengott, der ihn gebar«.

Die Festlichkeiten dauern insgesamt einen Monat. An ihrem Ende begibt sich der göttliche König Ramses, symbolisch erneuert und wiedergeboren, in das Allerheiligste des Tempels von Karnak, in das kein gewöhnlicher Sterblicher vordringen darf.

Auch diese von Sethos I. begonnene Halle läßt Ramses vollenden: ein Wald aus Stein, 134 Säulen, einige von ihnen über 25 Meter hoch. Decken und Säulen sind mit Ramses' Kartuschen versehen – magische Seile, die den Namenszug des Königs umspannen und ihn so vor den Einflüssen des Bösen schützen. Die Hieroglyphen, aus denen sein Name zusammengesetzt ist, tragen die Botschaft »es war Re, der Sonnengott, der ihn gebar«.

Vom Sonnengott leiten die Könige, die erst in späterer Zeit Pharaonen genannt werden, das Recht zur Herrschaft ab, ihre Göttlichkeit, ihre Legitimation und ihre königlichen Insignien. Deshalb haben sie diese gewaltige Gottesstadt erbaut.

Über 2000 Jahre lang verschönern und erweitern fast hundert Generationen diese einmalige Stadt, dieses zeitlose Zeugnis des Glauben – ein Schaffensprozeß, der erst mit Beginn des Christentums ein Ende findet.

»Auf ewig wirst Du weiterleben«.

Am anderen Ufer, auf der Westseite des Nil, liegt das Land der Toten. Dort finden die Körper der Verstorbenen ihre letzte Ruhestätte: Auf daß sie auferstehen mögen, wie die Sonne es jeden Tag aufs neue tut.

Die aus dem Berg geschnittene Nekropolis von Theben ist bereits seit unerdenklichen Zeiten zu einem weiten Labyrinth von Gräbern angewachsen. Hier läßt sich auch Ramses II. seinen prachtvollen Totentempel mit einer 18 Meter hohen und 1000 Tonnen schweren Granitstatue errichten.

Im Ramesseum, dem Totentempel von Ramses II., wurde der größte aller ägyptischen Könige zu Grabe getragen.

Als er 1224 v. Chr. stirbt, erstrahlt sein Grabestempel, das *Ramesseum*, in unvorstellbarer Pracht. Generationen von Menschen werden ihm später hier ihre Opfer darbringen. Sein Leichenzug wird begleitet von ungezählten Trauergästen, die die Tränen ungehindert fließen lassen. Sie führen die Grabbeigaben mit sich, die ihm das Leben in der Ewigkeit so angenehm wie nur möglich machen sollen: Schiffe, mit denen er ohne Ende auf dem Nil kreuzen und einen Thron, von dem aus er auf ewig regieren kann. Auch zahlreiche magische Figuren, die für sein Wohlergehen sorgen sollen, sind unter den Grabbeigaben. Ein Priester spricht die geheiligten Worte »Auf ewig wirst Du weiterleben«, dann wird der Leichnam des Königs in den Sarkophag hinabgelassen und das Grab verschlossen.

3000 Jahre ruht Ramses an dem ihm zugestammten Ort, bis 1871 seine Mumie von einem Grabräuber gefunden wird. Seitdem hat der große König einen Platz im Museum von Kairo gefunden. »Von den Toten zu sprechen, bedeutet, sie wieder zum Leben zu erwecken«, heißt es in den religiösen Texten der Ägypter. In diesem Sinne hat sich für Ramses die Suche nach der Ewigkeit erfüllt.

Mit Ramses stirbt auch der letzte der großen ägyptischen Könige. Seine Nachfolger führen zwar etwa ab dieser Zeit den klangvollen Titel »Pharao«, (großes Haus), sind aber lediglich die Konkursverwalter einer Jahrtausende alten Zivilisation. Neue Weltreiche entstehen und neue Machtverhältnisse werden geschaffen: Ägypten, das über Hunderte von Generationen hinweg die Geschicke der ganzen Region entscheidend bestimmt hat, wird nun selbst zum Spielball der Geschichte. Und so sind die klangvollen Namen der letzten berühmten Pharaonen die Namen von persischen und griechischen Eroberern: Darius, Alexander der Große. Mit Kleopatra taucht das pharaonische Ägypten noch einmal kurz im Rampenlicht der Geschichte auf, bevor es als römische Provinz und schließlich als Teil des islamischen Weltreiches erlischt.

Als der Glanz der Pharaonenzeit verblaßt war, als die Menschen nicht mehr den alten Göttern huldigten, begannen die Ägypter, ihre Häuser in den Tempelanlagen zu errichten. Tempel und Pyra-

miden wurden abgetragen, die riesigen Gesteinsblöcke zerkleinert und als Baumaterial wiederverwendet. Große Teile der Anlagen verschwanden im Bauschutt der folgenden Jahrhunderte, abgelegenere Bauwerke wurden vom Wüstensand bedeckt – die Jahrtausende alte Kultur geriet in Vergessenheit.

Einem Mann aber, in dem Ramses vielleicht einen Bruder im Geiste gesehen hätte, blieb es vorbehalten, nach Jahrhunderten den Schleier des Vergessens zu lüften: Napoleon Bonaparte. Als Eroberer 1798 ins Land gekommen, brachte er neben seinen Soldaten auch eine Armee von Gelehrten mit. Diese katalogisierten, vermaßen, beschrieben und zeichneten alles auf, was ihnen an antiken Bauten auf ihrer Reise begegnete. Ein gewaltiges Werk war die Folge, die *Description de l'Égypte*, ein Buch, das die ganze damalige Welt faszinierte. 1822 gelang es Jean-François Champollion mit Hilfe des sogenannten »Steins von Rosette«, den 1799 ein Offizier der französischen Expeditionsarmee gefunden hatte, die geheimnisvolle Hieroglyphenschrift zu entziffern. Das antike Ägypten rückte wieder in den Mittelpunkt des Interesses. Ja, die Ägyptologie wurde zur anerkannten, internationalen Wissenschaft.

Und im 20. Jahrhundert erschienen auf ihrem Feld, das zunächst die Franzosen, dann die Deutschen und schließlich die Engländer beherrscht hatten, die Amerikaner.

In mühevoller Kleinstarbeit setzten sie aus Millionen von Puzzleteilen das faszinierende Bild einer verloren geglaubten Zivilisation wieder zusammen.

Fasziniert von einer Zivilisation, die den Inbegriff von Geschichte darstellt, gingen die Wissenschaftler aus dem »geschichtslosen« Land ans Werk. Zunächst war ihr ganzes Streben darauf gerichtet, die ägyptische Kultur in all ihren Aspekten zu verstehen. In mühevoller, aufwendiger Kleinstarbeit setzten sie aus Millionen von Puzzleteilen das faszinierende Bild einer verloren geglaubten Zivilisation wieder zusammen. Ein Geheimnis nach dem anderen konnte den stummen Steinen und den Abbildungen entlockt werden.

In den zwanziger Jahren jedoch veränderte sich der Arbeitsschwerpunkt der Amerikaner. Sie erkannten, daß die monumentalen Bauwerke von einer schleichenden Vernichtung bedroht sind. Denn als vor 100 Jahren mit den Ausgrabungen begonnen wurde, waren die Steinmauern der Tempel, Gräber und Paläste plötzlich wieder der Luft ausgesetzt. Und diese hatte nicht mehr die Qualität von vor 2000 Jahren. Die klimatischen Bedingungen hatten sich geändert. Als Hauptproblem stellte sich die erhöhte Luftfeuchtigkeit heraus, die seitdem durch zunehmende Bewässerung der Landwirtschaft und Industrialisierung noch erheblich zugenommen hat. Sie setzt den Steinen, vor allem aber den Bemalungen und Inschriften sehr zu. Aus dem Stein ausgelaugte Salze verbinden sich mit der Luftfeuchtigkeit und bilden winzige Kristalle, die die Abbildungen buchstäblich von den Wänden sprengen.

Das einzige Zeugnis, das bleiben wird, wenn die Malereien einst für immer aus den Tempeln verschwunden sein werden.

Als sich 1924 die ersten Anzeichen dieser fortschreitenden Zerstörung bemerkbar machten, beschloß das Orientalische Institut der Universität von Chicago, den Hauptsitz des Instituts nach Ägypten zu verlagern. Dr. James Henry Breasted, der Vater der amerikanischen Ägyptologie rief das sogenannte »Chicago House« ins Leben. Unter seiner Leitung begann man, eine Liste aller von der Zerstörung bedrohten Bauwerke zu erstellen. Der Aspekt der Erhaltung, und wo möglich der umfassenden Rekonstruktion, rückte für die Amerikaner in den Vordergrund.

In den letzten fünfzig Jahren haben die engagierten Wissenschaftler des Chicago House ein gewaltiges Werk fast vollbracht: die sogenannte »Epigraphische Bestandsaufnahme« eines Großteils der ägyptischen Kulturdenkmäler. Mit einer Kombination von zeichnerischen und fotografischen Mitteln wurden dabei Faksimile-Abbildungen der Reliefs und Fresken von der Oberfläche der Bauwerke hergestellt – das einzige Zeugnis, das bleiben wird, wenn die Hieroglyphen und Malereien einst für immer aus den Tempeln und Gräbern verschwunden sein werden.

In einer Reihe von Büchern sind diese Ergebnisse festgehalten worden. Ziel dieser weitreichenden Initiative ist es, über eine möglichst exakte Bestandsaufnahme aller Wandbemalungen zu verfügen. Wissenschaftlern kommender Generationen soll ermöglicht werden, jede nur denkbare Frage, die sich hinsichtlich der Wanddekorationen ergeben sollte, anhand dieser Faksimile-Aus-

Von der 18 Meter hohen, granitenen Kolossalfigur des thronenden Ramses II. bleibt heute nur ein Trümmerhaufen.

gaben lösen zu können. Präzision und der Einsatz modernster Reproduktionstechniken sind notwendige Voraussetzungen für das Gelingen dieser Arbeit.
»Nachdem ein Wandabschnitt fotografisch reproduziert worden ist, machen sich unsere Zeichner zunächst anhand des Originals Notizen. Später werden dann die Konturen der Bilder und Inschriften von Hand auf den Fotoreproduktionen eingetragen. Ein nochmaliger Vergleich vor Ort zwischen dem Original und seiner Abbildung hilft uns, die Qualität der Reproduktion noch einmal zu überprüfen. Manchmal ist es uns auch möglich, aus einer größeren Anzahl sichergestellter Fragmente den Gesamtentwurf zu rekonstruieren, wie ihn sich der Künstler vor 3000 Jahren vorgestellt hat.« Die Wissenschaftler des Chicago House stehen unter Zeitdruck: »Das Salz auf den Mauern macht unsere Arbeit umso dringlicher. Die Reliefs lösen sich auf. In 200 Jahren wird der Tempel zwar noch immer stehen, aber die Dekorationen werden vollständig abgeblättert sein. Wenn sie verschwunden sind, möchten wir eine möglichst exakte Bestandsaufnahme der Wandbemalungen vollendet haben.« Manche Wissenschaftler vermuten allerdings, daß das Schicksal der alten Inschriften bereits zu unseren Lebzeiten besiegelt sein wird.

Zahlreiche Wissenschaftler sind angetreten, die Zeugnisse der ägyptischen Zivilisation zu retten. Die Erhaltungs- und Konservierungsarbeiten erfordern geschickte Handwerkerhände.

Die Rekonstruktion zerstörter Bauwerke wie der »Verlorenen Kolonnaden« von Luxor ist eine Sisyphus-Arbeit mit oftmals ungewissem Ausgang.

Eine andere Aufgabe, der sich das Chicago House gestellt hat, ist die Rekonstruktion zerstörter Bauwerke, wie der »Verlorenen Kolonnaden« von Luxor – eine Sisyphus-Arbeit mit oftmals ungewissem Ausgang.
Seit dreißig Jahren tragen die Wissenschaftler Bruchstücke aus dem Bauschutt von Luxor zusammen. Mittlerweile sind Tausende von Gesteinsbrocken zusammengekommen, die es allesamt zu katalogisieren und zu systematisieren gilt. Die Verfahrensweise hierbei ähnelt der oben beschriebenen.

Über Jahrtausende stand die Tempelanlage von Abu Simbel unbehelligt an den Ufern des Nil. Erst der wachsende Energiebedarf des modernen Ägypten vertrieb sie vom angestammten Platz.

Paßt ein Fragment in eine stehende Mauer – einer der aufregenden und seltenen Augenblicke im Alltag der Archäologen – wird es an Ort und Stelle plaziert. Aufgrund der Forschungsarbeit des Chicago House weiß man, daß die Kolonnaden des Luxor-Tempels das wichtigste Bauwerk des Tutanchamun waren. Man hat Bruchstücke der ehemaligen Tempeldecke gefunden und zugeordnet und hat noch mehr Aufschluß über die Arbeitsweise der antiken Handwerker erhalten.

Eine weitere, wichtige Unternehmung ist das Berkley-Kartographie-Projekt. Ziel ist es, von der antiken, 23 Quadratkilometer umfassenden Nekropolis Thebens – der bedeutendsten Ansammlung archäologischer Fundstellen der Welt – detailliertes Kartenmaterial zu erstellen. Obwohl hier schon seit über hundert Jahren gegraben wird, gibt es keine exakte archäologische Karte, in der alle Fundstellen verzeichnet sind. Auch hier werden modernste Methoden eingesetzt. Zusätzlich zu Verfahren der traditionellen Vermessungstechnik werden Luftaufnahmen gemacht. Kombiniert man die Daten, die sich aus diesen Oberflächenmessungen ergeben, mit den Grabplänen, so entstehen dreidimensionale Karten. Mit ihrer Hilfe ist es einfacher, Bezüge zwischen den geographischen Gegebenheiten und den bekannten Gräbern herzustellen. Es ist dadurch möglich, eventuell noch unentdeckte Gräber aufzuspüren und die Anlagen besser zu schützen.

Der Bau des Assuan-Staudamms gab Anlaß zu einer der spektakulärsten Rettungsaktionen der Archäologiegeschichte.

Die noch nicht den Umwelteinflüssen ausgesetzten Denkmäler des 20. Jahrhunderts mögen jedoch gut daran tun, unentdeckt zu bleiben. In den sechziger Jahren haben der Bau des Assuan-Staudamms und steigende Touristenzahlen den Verfall der Bauwerke drastisch beschleunigt. Nachdem sie 50 Jahrhunderte überdauert haben, ist es nur eine Frage der Zeit, wann ihnen die endgültige Zerstörung droht. Der Bau des Staudamms gab auch Anlaß zu einer der

spektakulärsten Rettungsaktionen der Archäologiegeschichte: der Versetzung der Tempelanlage von Abu Simbel. Um dem steigenden Energiebedarf der beständig anwachsenden Bevölkerung Rechnung zu tragen, beschloß man in den sechziger Jahren, den Assuan-Staudamm zu bauen – ein Großprojekt, das siebzehnmal mehr Baumaterial beanspruchte als die große Cheopspyramide. Der Preis, den man hierfür zu zahlen bereit war, war die Überflutung eines Großteils des alten Kulturlandes und damit auch der einzigartigen Anlage von Abu Simbel.

Block für Block, mit nur zentimeterhohen Schnittverlusten, wurde der gesamte Tempelkomplex, der aus einem einzigen Sandsteinfelsen gehauen war, zerlegt.

Als die aufgestauten Wasser des Nil bereits an den Füßen der vier Kolossalstatuen von Ramses II. leckten, trat die Weltöffentlichkeit auf den Plan und startete eine einmalige Rettungsaktion. Ein internationales Team, gefördert von der ägyptischen Regierung und der UNESCO, nahm das Rennen mit dem Wasser auf: Block für Block, mit nur zentimeterhohen Schnittverlusten, wurde der gesamte Tempelkomplex, der aus einem einzigen Sandsteinfelsen gehauen war, zerlegt. 63 Meter tief mußte man in die Sandsteinklippen einschneiden. Jeder Stein wurde mit einem Code-Zeichen versehen, bevor die Anlage, in unzählige Blöcke zerlegt, um 65 Meter oberhalb ihres ursprünglichen Ortes wieder aufgebaut wurde. Zentimetergenau fügte man den Koloß wieder zusammen. Auch die astronomische Besonderheit der Anlage wurde berücksichtigt: Von den Priestern war der Ramses-Tempel so angelegt worden, daß das Sonnenlicht am 30jährigen Regierungsjubiläum des Königs tief in den Tempel einfallen und eine Statue von Ramses II. erstrahlen lassen würde. Die Ingenieure unserer Zeit haben den Tempel aufs neue so positioniert, daß das Licht des Sonnengottes zu jeder Wiederkehr dieses Tages das Abbild des Königs erleuchtet.

Seit der Rettungsaktion ist es wieder still geworden um die ägyptischen Kulturdenkmäler. Klaglos sehen die Wandmalereien und Reliefs ihrer fortschreitenden Zerstörung entgegen. Sie ist nicht aufzuhalten. Die Schritte der Touristen erzeugen Erschütterungen. Das Kohlendioxid, das die Besucher ausatmen, gefährdet die Schätze. Die Freude an den Bauwerken führt zu ihrer Zerstörung. Für einen kurzen Moment nur wurde die ägyptische Zivilisation dem Strom des Vergessens entrissen.

An seinem neuen Standort besuchen alljährlich Tausende von Touristen aus aller Welt den geretteten Großen Ramses-Tempel.

Der römische Philosoph Seneca beschrieb die alljährliche Nilüberschwemmung noch mit den Worten: »Der Nil bietet ein großartiges Schauspiel zu der Zeit, da er über die Felder hereinflutet«. Doch die Zeiten haben sich geändert – die göttlichen Fluten werden heute durch eine Vielzahl von Staudämmen reguliert, die den alten Lebensrhythmus in neue Bahnen gelenkt haben. Der Ägypter von heute hat andere Sorgen, als sich um sein »Haus für die Ewigkeit« zu kümmern. Die Grundlagen, die einst diese Zivilisation erblühen ließen und am Leben erhielten, sind nicht mehr. Mit neun Millionen Einwohnern ist Kairo heute die größte Stadt auf dem afrikanischen Kontinent. Bevölkerungszuwachs, Umweltverschmutzung, wirtschaftliche und politische Schwierigkeiten sind die Sorgen unseres Jahrhunderts, der Assuan-Staudamm ein Denkmal unserer Zeit. Doch was den heutigen Ägyptern als weniger wichtig erscheint, zieht Besucher aus der westlichen Welt geradezu magisch zu den Denkmälern jener vergangenen Epoche. Die Bauwerke dieser Kultur sind Ausdruck einer Suche nach dem Sinn des Lebens, eine Sehnsucht nach Verbindung mit den Göttern, ein Verlangen nach Schönheit, eine Hoffnung auf Unsterblichkeit. Eine Suche, die die materialistische Zivilisation des Industriezeitalters aufgegeben hat. Das Wissen um diese Bauten und ihre Erhaltung sind vielleicht allein deshalb lohnenswert, weil sie Zeugnisse einer Vergangenheit sind, in der wir uns spiegeln können – und die eine Lehre für unsere Zukunft beinhaltet. Wir haben den Wettlauf mit der Zeit aufgenommen, um den Werken ihre Bestimmung wiederzugeben, sie der Ewigkeit zurückzugeben. Ob es gelingen kann, wird erst die Zukunft zeigen.

ROYAL YORK
RENNIE

REAL

Vom All aus gesehen sind sie das herausragende Merkmal Nordamerikas: fünf Süßwasserseen von ozeanischen Ausmaßen, ein Glücksfall der Natur. Dies ist ihre Geschichte und die der Menschen an ihren Ufern – damals und heute.

Fünf Brunnen für Amerika

Spricht man in Amerika von den *Great Lakes,* den »Großen Seen«, dann weiß jeder, was gemeint ist: Die fünf großen Süßwasserseen im Grenzgebiet Kanadas und der Vereinigten Staaten.

Für die Entwicklung der amerikanischen Industrie haben die Großen Seen eine überragende Rolle gespielt. An ihren Ufern entstanden glitzernde Großstädte wie Chicago, Detroit und Toronto. Sie verdanken das, was sie sind, auch ihrer Lage an den Großen Seen.

Diese Beziehung hatte aber ihren Preis. Rücksichtsloser Umgang mit den natürlichen Ressourcen führte dazu, daß große Teile des Lebens in und um die Seen zerstört wurden. Trotz ihrer gewaltigen Ausdehnung hatten auch die Großen Seen Grenzen; Grenzen, die menschlicher Mißbrauch überschritten hatte.

Spät erkannte man, daß Menschen auch in einer hochentwickelten Industriegesellschaft saubere Luft und sauberes Wasser zum Überleben brauchen. Seitdem sind mit hohem Aufwand betriebene Umweltschutzanstrengungen in Gang gekommen, der Versuch, so schnell wie möglich zu retten und wiederherzustellen, was unwiederbringlich verloren zu gehen droht: die Lebensgrundlage einer großen Vielfalt an Planzen und Tieren – und von 30 Millionen Menschen.

Vorherige Seiten: Blick auf die Skyline von Toronto am Ontariosee.

An den Großen Seen kann man auch heute noch Natur pur genießen. Doch an vielen Stellen ist die Idylle gefährdet.

Noch vor 20 000 Jahren bedeckten mächtige Gletscher große Teile Nordamerikas und Kanadas. Als sie zu schmelzen begannen, schuf die Natur im Herzen des nordamerikanischen Halbkontinents ein neues, einzigartiges Ökosystem. Die nach Norden zurückweichende, über eineinhalb Kilometer dicke Eisschicht setzte riesige Wassermassen frei, die in gewaltigen Seen zusammenflossen: dem Oberen See, Michigansee, Huronsee, Eriesee und Ontariosee.

Im Norden von unendlichen Wäldern und im Westen von weiten Ebenen begrenzt, machen die fünf Seen mit 245 000 Quadratkilometern die größte Binnensüßwasser-Fläche der Erde aus. Ein Fünftel der Süßwasser-Vorräte unseres Planeten ist in ihnen gespeichert – schier unfaßbare 23 Billiarden Liter Wasser. Das gesamte Festland der USA könnte man damit in einer Höhe von drei Metern überfluten.

Die Natur hatte ein neues Paradies geschaffen. Eingefaßt von 12 800 Kilometern Seeufer, boten diese erdgeschichtlich blutjungen Süßwasserozeane fortan einer zunehmenden Vielzahl von Lebewesen eine üppige Existenzgrundlage: Mikroorganismen, Fischen, Vögeln, Elchen, Wölfen – und schließlich auch Menschen.

Wo sich einst eine reich gesegnete Wildnis ausdehnte, säumen heute glitzernde Skylines und wachsende Vorstädte die Ufer. Von oben nach unten: Die Skyline von Chicago am Michigansee, Idylle am Oberen See und Vororte am Eriesee.

Die Natur hatte ein neues Paradies geschaffen.

Von Norden herbeiziehende Indianer ließen sich als erste an den Ufern nieder. Die Seenplatte, nunmehr eine reichgesegnete, von dichten Wäldern durchsetzte Wildnis, war ihnen als Fischern und Jägern über Jahrhunderte eine nie versiegende Quelle der Nahrung und des Lebens.

Doch der Einklang von Mensch und Natur währte nicht ewig. Im 17. Jahrhundert drangen die Vorboten des Wandels, europäische Forscher, in die Wildnis der Großen Seen vor. Sie waren auf der Suche nach der Ostwest-Passage, einem schiffbaren Weg vom Atlantik zum Pazifik und weiter nach Asien.

Diese Suche war erfolglos, der Weg über Kap Horn blieb bis zum Bau des Panamakanals die einzige Möglichkeit, Rich-

tung Westen den Orient zu erreichen – wenn man von dem Weg durch das nördliche Eismeer einmal absieht. Doch sie fanden heraus, daß die Großen Seen miteinander verbunden waren. Mehr noch: Daß sie direkt vom Atlantischen Ozean erreichbar waren und sich mit ein wenig Nachhilfe sogar eine Verbindung zum Golf von Mexiko herstellen ließ. Denn vom Atlantik führt der St.-Lorenz-Strom zum Ontariosee, der durch den Niagara-Fluß mit dem Eriesee verbunden ist. Von dort ist es ein Katzensprung in den Huronsee, der ohnehin mit dem Oberen See und dem Michigansee eine Einheit bildet. Und heute gelangt man vom Michigansee über eine Wasserstraße direkt in den Mississippi, der von Nord nach Süd die gesamten USA durchquert und bei New Orleans in den Golf von Mexiko mündet.

Der Hafen von Toledo gehört zu den geschäftigsten am Eriesee (oben).

Im Sommer ist kaum ein Plätzchen zu finden am Oak Street Beach von Chicago (unten).

Frachter sind ein allgegenwärtiges Bild auf den Großen Seen (außen).

Das Land der unbegrenzten Möglichkeiten.

Im Kielwasser der Forscher folgten Trapper und Abenteurer, von denen manche im Pelzhandel ein Vermögen machten.

Mit dem Beginn der Industrialisierung hat sich das Leben an den Großen Seen stark verändert. Der Bergbau bildete die Grundlage für die wirtschaftliche Entwicklung.

Dann kamen die weißen Siedler. Amerika, besonders aber das Gebiet süd-östlich der Großen Seen wurde zum »Land der unbegrenzten Möglichkeiten«.
Wellen von Einwanderern besetzten das Land, in dem seit Menschengedenken die großen indianischen Nationen gelebt hatten: Franzosen und Engländer im Zuge der kolonialen Eroberung und norwegische Fischer, deutsche Bauern, walisische Bergleute und ihre Familien, die der Enge, den Kriegen, der Not und Unterdrückung in Europa entkommen wollten.
An den Ufern der Großen Seen breitete sich die europäische Zivilisation mit atemberaubender Geschwindigkeit aus. Großstädte wie Toronto schossen über Nacht aus dem Boden – gespeist vom Boom eines der ersten großen Wirtschaftszweige der USA: der Holzindustrie. Die jungfräulichen Wälder im Norden hallten wider von den Axtschlägen der Hölzfäller. Und wenn im Frühjahr die Bäche anschwollen, wurden Abertausende von Baumstämmen in die neuen Wirtschaftszentren geschwemmt. Was die Natur in Tausenden von Jahren hatte wachsen lassen, wurde in wenigen Jahrzehnten niedergeholzt.

Das neue Paradies erlebte seinen ersten Sündenfall.

Das neue Paradies erlebte seinen ersten Sündenfall. Und weitere sollten folgen.
Das Wirtschaftswachstum setzte nun mit aller Wucht ein. Der Bergbau übernahm die Rolle des Zugpferds des Industrialisierungsprozesses. Was die Natur gefügt hatte, beutete der Mensch aus. Kohlevorkommen – südlich des Eriesees, in Ohio, Pennsylvania und West Virginia – und Eisenerzfunde in unmittelbarer Nähe – vor allem östlich des Eriesees und Ontariosees, aber auch zwischen Michigansee und Oberem See – setzten eine Kettenreaktion in Gang: In den Hochöfen von Pittsburgh, Cleveland, Gary, Hamilton und Detroit wurden Kohle und Eisen zu Stahl. Stahl wurde zu Maschinen, Eisenbahnen und Schiffen. Maschinen produzierten Waren. Eisenbahnen transportierten Waren und Menschen und erschlossen das Land. Schiffe transportierten Waren und

Menschen und erschlossen die Seen. Und schließlich begann die Produktion von Autos.

Wo sich über Jahrhunderte Wildnis ausgebreitet hatte, entstand ein riesiger, zusammenhängender Wirtschaftsraum.

In den weiter expandierenden Städten wuchsen Industrieimperien heran. Die Metallindustrie, der Maschinen- und Fahrzeugbau – z.B. Ford in Detroit – legten den Grundstein zu einem bis dahin nie gekannten Wohlstand. Eine Armada immer größerer Schiffe lief in den Werften vom Stapel. Auf den Großen Seen kreuzten Dampfer und Frachter mit den Ausmaßen von Ozeanriesen: *Whalebacks*, »Walrücken« nannte man sie. Schleusen ließen sie Stromschnellen überwinden, Flüsse trugen sie von See zu See. Diese Wasserstraßen gehörten bald zu den geschäftigsten der Welt.
Und immer weiter zog es Einwanderer in die Region, ob aus Polen, Italien, Irland oder dem ländlichen Amerika. Ein riesiger, zusammenhängender Wirtschaftsraum entstand. Geprägt von einer gewaltigen Industriemaschine, aber auch – nach dem Ende des Zweiten Welt-

Die Holzindustrie zählte zu den ersten, wichtigen Wirtschaftszweigen an den Großen Seen. Doch den entscheidenden Impuls für den Aufstieg der USA zur Wirtschaftsmacht gab die Automobilproduktion in Detroit am Eriesee. Heute prägen Häfen und Industrieanlagen das Gesicht der Großstädte.

Die Segnungen der modernen Zivilisation hatten ihren Preis: Der Eriesee wurde durch explodierendes Algenwachstum zur Kloake, und an den Ufern verfaulten die Fische.

Die junge Generation entwickelt ein anderes Umweltbewußtsein. Der Blick durch das Mikroskop auf dem Ökoschiff eröffnet neue Perspektiven: Auch Kleinstlebewesen sind wichtig für das ökologische Gleichgewicht.

kriegs – von den Landwirtschaftsfabriken des »Weizengürtels« im Süden der Industriereviere. Aus dem »Brotkorb Amerikas« wurde und wird weiterhin Weizen über die Großen Seen in die ganze Welt versandt.

Wo über Jahrhunderte Wildnis war, breitet sich heute die mit 30 Millionen Einwohnern bevölkerungsreichste Region der USA aus.

Doch die babelschen Skylines von Chicago, Toronto oder Detroit, tagsüber an den Wolken kratzend und des nachts die Sterne überstrahlend, konnten nicht darüber hinwegtäuschen: Das Paradies der Großen Seen drohte für immer verloren zu gehen. Schnellstraßen und Eisenbahnlinien durchzogen das Land. Die Erde war aufgewühlt und ausgehöhlt. Die Luft war verpestet. Das Wasser in den Seen war trübe geworden. Zügellos hatte man von den – doch verbotenen? – Früchten des Paradiesbaums gekostet.

Was die Natur gefügt hatte, richtete der Mensch gegen die Natur selbst. Bedenkenlos hatten Industrieanlagen, Agrarfabriken und Städte ihre Abwässer, meist ungeklärt, in die Seen geleitet. Unbekümmert hatte man die Schlote, Symbol des Wirtschaftswachstums, rauchen und die giftigen Abgase der Autos in die Luft entweichen lassen – so als hätte die Natur die Großen Seen zum ewigen und alleinigen Nutzen des Menschen geschaffen.

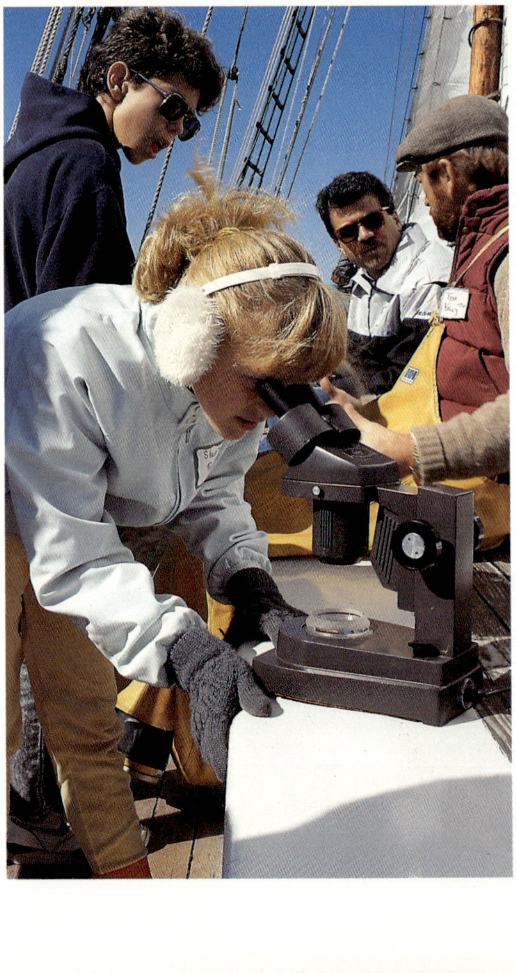

Doch dann schlug die Natur zurück.

Doch dann schlug die Natur, lange Zeit den Raubbau duldend, zurück. Der Wohlstand forderte seinen Preis. In den sechziger Jahren tauchten plötzlich verhängnisvolle Zeichen auf.

Der Eriesee wurde durch explodierendes Algenwachstum zur trüben Kloake: Die Fische gingen jämmerlich an Sauerstoffmangel zugrunde. Strände wurden geschlossen. Adler und Falken fielen, Opfer der Luftverschmutzung, vom Himmel. An den Ufern des Michigansees verfaulten die Heringe. Jungvögel mit mißgebildeten Schnäbeln verhungerten erbärmlich. Ölteppiche überzogen das einstmals klare Wasser. In Cleveland gar ging – so unglaublich es klingen mag – der Cuyahoga River buchstäblich in

Flammen auf: Man hatte brennbare Chemikalien einfach in den Fluß gekippt.
Das gesamte Ökosystem der Großen Seen stand vor dem Kollaps.
Erst diese Vorzeichen einer drohenden ökologischen Katastrophe leiteten die Wende ein. Die Erkenntnis, daß die natürliche Balance der Großen Seen unter Einsatz aller Kräfte wiederhergestellt und erhalten werden muß, wurde von nun an zum Leitmotiv – zuletzt auch von Politikern.
1972 unterzeichneten der amerikanische Präsident Nixon und der kanadische Premierminister Trudeau feierlich eine als wegweisend gepriesene Vereinbarung, in der die Großen Seen zum ersten Mal als ein zusammenhängendes Ökosystem anerkannt wurden.
Dieses politische Signal war die Folge eines steigenden Umweltbewußtseins der Bevölkerung an den Großen Seen. Insbesondere nach der Katastrophe im Cuyahoga River – Cleveland ist in den USA noch heute als die Stadt bekannt, in der damals der Fluß brannte – hatte es sich in wütenden Bürgerprotesten Luft verschafft.

Den Worten folgten Taten. Der unkontrollierten Einleitung von Abwässern wurde mit Gesetzen ein Riegel vorgeschoben. Eine in der Geschichte beispiellose Umweltaktion reinigte die Strände. Kläranlagen wurden gebaut, Gewässerschutzinstitutionen geschaffen, Forschungslabors eingerichtet. Und – nicht zuletzt – begannen jene aktiv zu werden, die mit und von den Seen lebten: die amerikanischen Bürger.
Trotz sichtbarer Erfolge zeigte sich jedoch, daß Taten allein nicht genügten. Daß das Ökosytem der Großen Seen ein höchstkomplexes Gebilde war, dessen Balance wiederherzustellen mehr erforderte als nur Reparaturmaßnahmen. Daß man sich einer Aufgabe gegenübersah, die Generationen in Anspruch nehmen würde, und deren Aussicht auf Erfolg eher zweifelhaft schien. Vor allem aber wurde klar: Daß ein neues Paradigma, eine völlig andere Sicht der biologischen und ökologischen Zusammenhänge notwendig war – und daß man würde lernen müssen. Lernen, ein neues Verhältnis zur natürlichen Umwelt zu finden.
Rund um die Großen Seen versuchen seit den Tagen der Wende viele ihren Beitrag zur Rettung dieses einzigartigen Ökosytems zu leisten: Jeder auf seine Weise, ob als Lehrer, als Forscher, als Helfer oder einfach nur, weil er persönlich einer Lebensweise folgt, die die Natur achtet und sich ihr anpaßt anstatt sie zu vergewaltigen. Der Meeresbiologe Tom Kelly gehört dazu.

Anschauungsunterricht auf dem Ökoschiff.

An sonnigen Tagen begibt er sich zusammen mit Schulkindern an Bord des Schoners *Malabar* auf eine Entdekkungsreise besonderer Art. *Malabar*, so hieß die Farm des Schriftstellers Louis Bromfield, auf der er, zurückgekehrt nach langen Reisen, seine letzten Lebensjahre verbrachte. Bromfield, bekannt durch seinen Roman *Der große Regen*, war im »Zweitberuf« Landwirt und Naturschützer und hat eine umfangreiche Bibliothek zum Thema Ökologie zusammengetragen.
Jedes Jahr im Sommer fährt Tom Kelly mehrmals hinaus auf den Michigansee, um Kindern die geheimnisvolle Welt un-

terhalb der Wasseroberfläche zu zeigen. Während das Ökoschiff auf dem See kreuzt, werden vom Grund Schlammproben entnommen. Die Kinder sehen zunächst nur eine unansehnliche, braune, scheinbar tote Masse. Doch wenn Tom Kelly die Kinder durch das Mikroskop blicken läßt, beginnt sie zu leben. Neugierig wird in den Untersuchungskasten hineingeschaut: Alle möglichen, verschiedenartigen Tierchen kriechen im Schlamm – die Kinder sind fasziniert, wieviele Kleinstlebewesen in den Seen ihr Zuhause haben. Das Mikroskop zeigt ihnen auch, welche Spuren die Menschen in den Schichten des zunächst unscheinbaren Schlamms hinterlassen haben: Sägemehl aus dem letzten Jahrhundert zum Beispiel, das Abfallprodukt der Holzfällerei.

Zu jener Zeit haben sich Tom Kellys Vorfahren als Fischer hier an der Küste niedergelassen. Sein Herz hängt am Michigansee, an seinen Wassern, die bis zum Horizont reichen, und er hofft, daß sich sein Engagement auf die Kinder überträgt. Er will ihr Interesse und Verständnis für das Zusammenspiel der Natur wecken. Aus eigener Anschauung sollen sie lernen, daß diese Mikroorganismen unverzichtbarer Bestandteil eines weitaus umfassenderen Ökosystems sind.

»Sie sollen entdecken, daß das hier etwas Besonderes ist, nicht bloß eine riesige Badewanne voll mit Wasser. Da sind viele lebendige Sachen drin, eine Menge von Tieren und Pflanzen haben hier ihr Zuhause. Das ist die Idee, die hinter dem Schulschiff steckt .«

Alljährlich feiern die Chippewa-Indianer die Ernte des wilden Reises mit einem großen Tanzfest. Anläßlich dieses Ereignisses tragen die Chippewa ihre traditionelle Stammestracht.

John Wolfe zeigt seiner Enkelin Katie Buffalo, wie man den wilden Reis erntet.

Anschauungsunterricht bei den Chippewa-Indianern

Auch der Pflanzenökologe Jim Meeker ist gekommen, um zu lernen. Er ist dem Geheimnis des wilden Reises auf der Spur. Bei den Chippewa-Indianern im Reservat am *Bad River* hofft er, die Anwort auf seine Fragen zu finden.

Die Menschen, die einst ohne zu fragen in die Wildnis der Großen Seen vordrangen, konnten nicht nur kein Verhältnis zur Natur, sondern auch nicht zu den eigenen Artgenossen finden, die dort lebten. Wer sich ihnen entgegenstellte, wurde vernichtet – wie große Teile der

indianischen Bevölkerung. Was im Wege war, wurde beiseite geräumt. Was Profit versprach, wurde abgeschlachtet – wie die großen Büffelherden. Stattdessen hätte man viel von den Indianern lernen können: von ihrem Verhältnis zur Natur, ihrer Genügsamkeit, ihrem schonenden Umgang mit Ressourcen, ihrem Mut, ihrer Solidarität, ja von ihren religiösen Vorstellungen, die die Erde als heilig, als Mutter erachteten.
In einem kläglichen Rest des Landes, das ihnen einst gehörte, in einem Reservat, lebt der Stamm der Chippewa-Indianer. Seit Jahrhunderten bewohnen sie ein riesiges Feuchtgebiet an den Ufern des Oberen Sees, weit weg von den großen Städten. Viele solcher Feuchtgebiete in Nordamerika hat der »Fortschritt« bereits zu »nützlichem« Farmland werden lassen.

Der wilde Reis ernährt heute noch die Chippewa.

Hier aber hat ein Marschland die Veränderungen der Zeit vergleichsweise unbeschadet überstanden. Und hier gedeiht seit Menschengedenken der kostbare und seltene wilde Reis.
Der wilde Reis ernährt heute noch die Chippewa. Alljährlich im August ernten sie ihn mit uralten Methoden, die sie von ihren Vorfahren übernommen haben und an ihre Nachkommen weitergeben. Es sind Methoden, die mit den lebenspendenden Pflanzen behutsam, nahezu ehrfürchtig umgehen. Ihre Dankbarkeit und Achtung vor der Natur, die ihnen und ihrer Kultur das Überleben sichert, bringen die Chippewa in den rituellen Tänzen zum Ausdruck, die sie anläßlich der Ernte veranstalten.
Auch der Wildhüter Tom Wolfe vom Stamm der Chippewa ernährt sich und seine Familie von den zweihundert Pfund Reis, die er jährlich einbringt. Wie seine Ahnen gleitet er im Kanu durch die Schwemmungslandschaft, um den wilden Reis zu ernten. Er weiß, wie er mit den rund 1,20 Meter langen Stöcken die hohen Halme der Reispflanzen vorsichtig zu sich ins Boot zu biegen hat, um die reifen Körner abzustreifen. Abwechselnd rechts und links geht er ans Werk. Er tut dies in einem gleichbleibenden,

wiewohl beflügelnden Rhythmus, der Nahrung bedeutet – lautlos, doch ähnlich dem Trommeln, das die Tänze der Chippewa begleitet. Mit seinen Stöcken verursacht er keinen Kahlschlag, der Reis, der wie von selbst ins Boot fällt, ist ihm genug. In den folgenden Tagen können auch andere noch zweimal auf dieselbe Weise zur Ernte hinausfahren.
Viel Geschick und vor allem Erfahrung gehören dazu, wenn man den Reis auf diese althergebrachte Weise ernten will. Tom Wolfe besitzt beides. Wie viele andere Stammesälteren unterweist auch er die junge Generation, so seine Enkelin Katie Buffalo, in der Kunst des Reiserntens, damit dieses wertvolle Wissen nicht verlorengeht.
Auf diese Weise leben die Indianer seit Jahrhunderten vom wilden Reis. In weisem Gegenzug haben auch sie den Pflanzen das Überleben gesichert.
Jim Meeker hat herausgefunden, daß die Gezeiten des Oberen Sees für den Erhalt der Feuchtgebiete und das Wachstum des wilden Reises sorgen. Gelegentliches Überfluten vernichtet jene Pflanzen, die den Reis andernfalls verdrängen würden. Indem die Chippewa das Wasser fließen lassen, wie es will, sorgen sie für das Überleben der wilden Reispflanzen.
»Sobald ein Ökosystem künstlich stabilisiert wird, verändert es sich«. Wer es also verändert, zum Beispiel, um eine Nutzpflanze zu fördern, um mehr Ertrag zu erzielen, verändert das System und vernichtet es schließlich.
Damit der Reis überleben kann, muß er sich jedes Jahr aussäen. Meeker hat herausgefunden, daß die Chippewas viele Reiskörner ins Wasser fallen lassen. »Die Reisernte bei den Indianern verläuft schon seit Urzeiten so, daß sie mit dem Kanu durch ein Feld fahren und den Reis abschlagen. Das machen sie ungefähr dreimal. Immer aber bleibt eine gewisse Menge Reis zurück, die nicht ins Kanu wandert sondern ins Wasser fällt.«
Vor allem lernt Jim Meeker, daß das Überleben des wilden Reises zum Gutteil auf die Wertvorstellungen der Chippewa zurückzuführen ist: Die Indianer haben nicht den Drang, ein Ökoystem zu unterwerfen, es auszubeuten und somit zu verändern.
An den Großen Seen haben Tiere und Menschen gelernt, sich den wechselnden Jahreszeiten anzupassen. Nach

Arnie Nelson mit seinem selbstgebauten Propellerschlitten. Er sorgt dafür, daß die Bewohner von Madeline Island ans Festland gelangen, solange das Eis noch nicht tragfähig ist.

heißen Sommern und von Herbstlicht durchtränkten Tagen fegen arktische Winde über den Oberen See und bringen frühe Schneefälle.

An seinem Südufer, in Wisconsin, liegt das Städtchen Bayfield. Etwa drei Kilometer von der Küste entfernt schwimmt Madeline Island, im Sommer ein sehr beliebtes Ausflugsziel. Im November sind hier die Ferienhäuser verlassen, und für die 160 Inselbewohner kehrt der Alltag ein.

Die Vorbereitungen für den Winter beginnen. Bald bildet sich auf dem See das erste Eis, und es dauert nicht mehr lange, bis die Fähre, die das Eiland mit der Küste verbindet, ihren Betrieb einstellen muß.

Noch aber ist die Eisschicht nicht kräftig genug, um Menschen oder gar schwere Fahrzeuge zu tragen. Doch Not macht erfinderisch: Vor etwa 50 Jahren entwickelte einer der Inselbewohner, Harry Nelson, ein ungewöhnliches Gefährt. Bis heute kommt es jeden Winter in jenen sieben bis zehn Tagen, während derer das Eis noch gefährlich dünn ist, zum Einsatz.

Es ist ein Propeller-Schlitten, zusammengebastelt aus dem Fahrgestell eines Jet-Flugzeugs, schwenkbaren Doppelpropellern und einem 425 PS starken Chevrolet-Bootsmotor. Gesteuert wird es von einem Vorderrad und einem rückseitigen Ruder.

Wayne Nelson markiert mit ausgedienten Christbäumen den sichersten Weg über das Eis.

Die Fahrt über das dünne Eis bei heftigen Seitenwinden ist abenteuerlich.

Vier Personen finden, auf einem bequemen und drei unbequemen Sitzen, in dem Vehikel Platz. Sie müssen sich gut festhalten, denn weder Federung noch Stoßdämpfer sind vorhanden. Auch starke Nerven müssen die Insassen mitbringen: Die Fahrt über das dünne Eis bei heftigen Seitenwinden ist abenteuerlich. Mitunter treibt der Schlitten ab und bricht seitlich ein. Dann müssen die Passagiere blitzschnell auf die Gegenseite springen, um das Gleichgewicht wiederherzustellen. Manch einer macht diese Überfahrt nur einmal in seinem Leben freiwillig mit.

Aber die Inselbewohner wissen, daß auf Arnie Nelson, den Sohn von Harry, Ver-

Autorennen auf dem Eis sind ein Freizeitspaß für die Einheimischen, wenn das Eis eine Dicke von 30 Zentimetern erreicht hat.

Auch Eissegeln zählt zu den attraktiven Seiten des Winters.

laß ist. Er kennt das Eis wie seine Hosentasche und beherrscht den Schlitten. Auf zwölf Fahrten pro Tag bringt er die Insulaner zur Schule oder zur Arbeit auf dem Festland und kehrt beladen mit Lebensmitteln oder Postsendungen zurück. Ohne ihn wären sie während dieser »Jungeiszeit« von der Außenwelt abgeschnitten.

Wenn wenig später das Eis dick genug ist, um einen Menschen zu tragen, dann löst Wayne Nelson seinen Bruder ab. Mit ausrangierten Christbäumen, die er in Abständen von 60 Metern in das Eis »pflanzt«, begibt er sich als erster auf den gefrorenen See und steckt eine gerade Linie zwischen Festland und Insel ab. Sie dient den Inselbewohnern auf dem Weg über den See – ob zu Fuß oder motorisiert – als Wegweiser.

Auf der spiegelglatten Fläche schießen bei Zusammenstößen die Wagen wie Eisstöcke auseinander.

Die Inselbewohner wissen nicht nur mit dem harten Winter zu leben, sie gewinnen ihm auch seine vergnüglichen Seiten ab. Wenn das Eis mehr als 30 cm dick ist, treten sie an Sonntagnachmittagen bei einem Autorennen gegen Motorsportfans aus der Umgebung an.

Es ist ein waghalsiges Unternehmen: Auf der spiegelglatten Fläche schießen bei Zusammenstößen die Wagen wie Eisstöcke auseinander. Dennoch hat sich bislang kein ernsthafter Unfall ereignet. Und so erhält sich dieses Rennen als eine noch sehr junge Tradition, in der Lebenslust und Anpassungsfähigkeit der Einheimischen an die Natur gleichermaßen durchscheinen.

Wenn im Frühjahr endlich das Eis schmilzt, dann kommen Schiffseigner aus den USA und Kanada in der Mariners' Church, der »Seemannskirche« von Detroit, zusammen. 1849 erbaut, wurde diese Kirche 1956 an ihren heutigen Standort versetzt, an dem sie sich inmitten moderner Bauten seltsam winzig und anachronistisch ausnimmt. In einem Gottesdienst nehmen die Anwesenden den Segen entgegen, der die Seeleute und Schiffe in der kommenden Saison begleiten soll.

Denn die Großen Seen haben die Menschen gelegentlich spüren lassen, daß mit ihnen nicht zu spaßen ist. Sie haben sich sogar als durchaus tückische Gewässer erwiesen. Bis heute wurden auf ihnen insgesamt 10 000 Schiffsunglücke verzeichnet, davon 6000 allein in der zweiten Hälfte des 19. Jahrhunderts binnen lediglich 20 Jahren. 1913 kamen während eines viertägigen Sturms 250 Menschen ums Leben und 71 Schiffe versanken.

Ein verhängnisvolles Unglück liegt gar nicht so lange zurück. Es ereignete sich am 10. November 1975 im Oberen See, unweit von Whitefish Point. Seine Ursachen bleiben bis heute ungeklärt.

An jenem Tage stößt ein von Süden wehender Sturm auf eine kalte Luftmasse über den Großen Seen. Das Wetter schlägt jählings um. Orkanartige Böen rasen über den See, bis zu acht Meter hohe Wellen türmen sich auf. In tiefer Finsternis kämpft sich der Erzfrachter *Edmund Fitzgerald* voran. Von der Brücke kommt noch der beruhigende Funkspruch: »Wir halten durch.« Es sind die letzten Worte, die von dem Schiff gesendet werden. Kurz darauf wird es vom See verschlungen. Von der 29köpfigen Mannschaft überlebt nicht ein einziger.

Als die 220 Meter lange *Edmund Fitzgerald* am 7. Juni 1958 vor 10 000 Zuschauern vom Stapel lief, war sie das weltweit größte Binnengewässerschiff und brach sämtliche Lademengen-Rekorde. Um so unerklärlicher erscheint ihr Untergang.
Der Historiker Fred Stonehouse und der Konstrukteur Chris Nicholson wollen mit Hilfe eines kleinen, unbemannten U-Bootes das Rätsel lösen. Polarisierende Linsen gewähren Einblick in die dunkle Welt unter Wasser, wo in 150 Meter Tiefe das Grab der *Edmund Fitzgerald* liegt. Ihr Vorderteil steht aufrecht auf dem Grund des Sees. Die Schiffsglocke ist noch an Deck verschraubt. Die Stahlplatten des Rumpfes sind zerrissen wie Fetzen von Papier. Das Heck liegt vornüber, so daß die riesige Schiffsschraube sichtbar ist.
»Wenn der Bruch, den wir gesehen haben, in der Mitte des Schiffs erfolgt wäre, dann könnte man auf Materialfehler oder einen Fehler bei der Stahlerzeugung mit dem alten Bessemer-Verfahren tippen. Aber er ist nicht in der Mitte«, wundert sich Fred Stonehouse.
Eines ist gewiß: Es war eine Kraft von urtümlicher Gewalt, von der die Edmund Fitzgerald zerschlagen wurde. Und der Untergang des Erzfrachters ist auch eine Geschichte von der Zerbrechlichkeit des Menschen: Trotz aller technischen Errungenschaften – die Natur kann ihn zermalmen, wenn sie will.

In den sechziger Jahren war der Bestand der Großaugenheringe nahezu ausgerottet.

So gewalttätig die Großen Seen sich mitunter zeigen mögen, so empfindlich reagieren sie, wenn ihre wohlausgewogene ökologische Balance verletzt wird. In den sechziger Jahren hatte die jahrelange zügellose Verunreinigung durch Chemikalien im Eriesee den einstmals reichen Bestand der Großaugenheringe nahezu ausgerottet.
Den energischen Maßnahmen zur Rettung der Großen Seen ist es mittlerweile gelungen, den Fisch wieder in den Seen heimisch zu machen. 1989 wurden im Eriesee sogar stattliche 18 Millionen Pfund Großaugenheringe gefangen. Inzwischen finden auch wieder die beliebten Wettbewerbe von Sportanglern statt,

Seit die Umweltschutzmaßnahmen greifen, ist der Fischbestand im Eriesee wieder angewachsen und bietet für Jung und Alt ein Angelvergnügen.

bei denen die größten und dicksten Fische prämiert werden. Und wenn heute der Ferienort Port Clinton in Ohio, am Südufer des Eriesees, jährlich eine Parade zu Ehren des Großaugenherings veranstaltet, dann kennen die Einwohner den Grund ihrer Freude sehr genau. Schließlich hängt in diesem beliebten Erholungsgebiet auf der Marblehead Halbinsel auch ihr Einkommen von einer gesunden Umwelt ab. Allein die Sportfischerei bringt der Region jährlich mehr als vier Milliarden Dollar ein.

Doch die Gefährdung der Großen Seen ist nicht allein mit der Beseitigung der unmittelbaren industriellen Verschmutzung beendet. Die vielfältigen Eingriffe des Menschen haben auch das biologische Gleichgewicht in ihren Tiefen verändert, eine Veränderung, von der neue Gefahren drohen.

Bereits in den 20er Jahren hatte man den alten, schmalen Welland-Kanal wesentlich erweitert und vertieft. Er umging die Niagara-Fälle und gewährte fortan auch großen Binnenschiffen die Durchfahrt vom Ontario- in den Eriesee. Als 1959 der St.-Lorenz-Kanal fertiggestellt wurde, konnten schließlich auch große Ozeanschiffe in die Großen Seen einfahren. Und heute ziehen Stahlgiganten aller Herren Länder durch die engen Schleusen von See zu See. Diese Wunderwerke der Technik heben und senken Schiffe, die Tausende von Tonnen wiegen.

Die Niagara-Fälle bildeten seit Urzeiten eine biologische Barriere, die das empfindlich Ökosystem der Großen Seen im Gleichgewicht hielt.

Biologen haben einige Meeresneunaugen eingefangen, um sie im Labor zu untersuchen.

Der Bau des Welland-Kanals hat eine Büchse der Pandora geöffnet.

Aber die Öffnung zur Außenwelt hat die Seen verwundbarer gemacht. War die Eröffnung des Welland-Kanals noch als Triumph der Technik gefeiert worden, so hatte die künstliche Verbindung zugleich eine Büchse der Pandora geöffnet: Die biologische Barriere der Niagara-Fälle, die unwillkommene Eindringlinge aus den fernen Ozeanen von den Großen Seen abgehalten hatte, war aufgehoben. Nun war der Weg nicht nur frei für die Schiffahrt, sondern auch für parasitäre Kreaturen aus den Tiefen der Ozeane. Wie entfesselt zogen sie auf Eroberung aus und griffen ein geschlossenes, sehr verletzliches Ökosystem an.

Meeresneunaugen, auch Lampreten, hießen die ersten Kreuzzügler aus den fernen Meeren. Den durch Überfischen und industrielle Verschmutzung bereits geschwächten Fischpopulationen in den Großen Seen machten sie in den vierziger und fünfziger Jahren binnen kürzester Zeit fast den Garaus. Nicht nur das: Sie gefährdeten damit auch die Wirtschaft der Region: In den fünfziger Jahren stand die kommerzielle Fischerei am Rande des Ruins.

Meeresneunaugen sind neuzeitliche Nachfahren eines uralten, fischähnlichen Wirbeltieres, das schon vor der Zeit der Dinosaurier gelebt hat. Meeresneunaugen besitzen weder Schuppen noch Kiefer noch Skelett. Eine biegsame Rückensaite ersetzt ihnen die Wirbelsäule. An jeder Seite des Kopfes liegen neun augenähnliche Organöffnungen: Nase, Auge und sieben Kiemenöffnungen. Das kreisrunde Maul gleicht einem Saugnapf, der mit Hornzähnen und einer stempelförmigen Zunge bewaffnet ist. Damit saugt dieser Räuber sich an Fischen fest und ihnen das Leben aus: 40 Pfund Fisch kann ein Meeresneunauge während seiner Lebenszeit auf diese Weise töten.

Nur mit Stromstößen und Gift sind die Neunaugen in Schach zuhalten.

Erst nach langwierigen Untersuchungen stießen Wissenschaftler auf die Achillesferse der heimtückischen Neunaugen: Sie laichen in Flüssen, wo die Larven mehrere Jahre im Schlamm verbringen, ehe sie flußabwärts zu ihren Raubzügen ausschwärmen. Die »Fish & Wildlife Teams« der Vereinigten Staaten schrekken die Larven regelmäßig mit Stromstößen aus den Flußbetten auf, um den Bestand zu kontrollieren. Ende der 50er Jahre wurde eine neue, chemische Waffe gegen die Lampreten gefunden: das Gift TFM. Seither wird es jährlich, von April bis Oktober, in kleinen Dosen dem Flußwasser beigesetzt. Das Gift soll – so der jetzige Stand der Wissenschaft – die Larven der Meeresneunaugen töten, ohne andere Lebewesen zu schädigen. Es gilt als bislang einziges »Wundermittel«, mit dem die Parasiten sich wirksam in Schach halten lassen.

Zugleich bemühen sich die US-Bundesregierung, Bundesstaaten und Provinzen mit vereinten finanziellen Kräften, das von den Neunaugen zerstörte natürliche Gleichgewicht der Großen Seen wiederherzustellen.

Zu diesem Zweck werden alljährlich Millionen von Fischen in den Seen ausgesetzt, die man planmäßig für diesen Zweck aufzieht. Mit Erlangung dieser Freiheit werden sie Glied einer ebenso tödlichen wie lebenspendenden Nahrungskette: Fortan sind sie Beute für hungrige Räuber sowie gefräßige Konkurrenz für ihre Artgenossen, die sich ebenso wie sie von Plankton ernähren.

Die Schleusen des Welland-Kanals überwinden das Gefälle zwischen dem Ontario- und dem Eriesee.

Jim Ludwig hat sich die Aufgabe gestellt, die langfristigen Veränderungen im Michigansee zu beobachten. Hier versieht er Kormorane mit einer Kennmarke.

In manchen Kormoraneiern haben sich Giftstoffe in derart hohen Konzentrationen abgelagert, daß die Vögel stark mißgebildet zur Welt kommen.

Doch selbst das Plankton, seit jeher überlebenswichtige Nahrungsquelle für die Unterwasserwelt, ist nicht mehr so bekömmlich wie einst. Manche Planktonarten entpuppen sich als todbringende biologische Waffen – und sind für die Fischpopulationen der Großen Seen ungenießbar.
Professor Charles Kerfoot und seine Studentin Rae Barnhisel von der Michigan-Universität haben einen neuen Eindringling entdeckt. Anders als die Neunaugen macht dieser Winzling auf den ersten Blick einen eher harmlosen Eindruck: »Im Ballastwasser eines Schiffs aus dem Ostbaltikum ist das seltsame Tierchen eingereist: Die Fische hier haben so etwas noch nie gesehen.« Rae Barnhisel hat sich ganz der Untersuchung des Neuzugangs, einer Planktonart, die den Namen *Bythotrephes* führt, verschrieben. Das Tierchen hat nur ein Auge und besteht vorwiegend aus einem knochigen, mit bartähnlichen Fortsätzen behangenem Stachel, der viermal so lang ist wie sein Körper. »Wenn es so alleine schwimmt oder ich es auf meinem Finger halte, kommt es mir klein und hilflos vor.«

Der ungebetene Immigrant bricht die wenngleich unerbittliche, so doch wohlgefügte Regel vom Fressen und Gefressenwerden.

Doch das ändert sich schlagartig, sobald sich ein junger Fisch nähert und den Bythotrephes verspeisen will: Der Fisch erwartet eine hübsch Mahlzeit, stattdessen schluckt er ein Schwert. Labortests haben erwiesen,daß der Stachel den Bythotrephes für Jungfische zur absolut ungenießbaren Mahlzeit macht – mit unabsehbaren Folgen: Der ungebetene Immigrant in den Großen Seen bricht die wenngleich unerbittliche, so doch wohlgefügte Regel vom Fressen und Gefressenwerden.
Professor Charles Kerfoot und Rae Barnhisel vermuten, daß die neuen Seebewohner dramatische Auswirkungen auf die Fischpopulationen haben könnten. Bythotrephes treten in direkte Nahrungskonkurrenz zu den jungen Fischen und werden andererseits wegen ihres Stachels selbst nicht gefressen.

Dieser Jungvogel hat keine Überlebenschance: Sein verbogener Schnabel erlaubt ihm keine selbständige Nahrungsaufnahme.

Für die Fische bleibt weniger Nahrung übrig und die Bythotrephes können sich ungehindert vermehren.
»Jetzt ist es wichtig, Aufzeichnungen darüber zu machen, welche Auswirkungen die Parasiten haben, wie sie das Leben in den Großen Seen beeinflussen und ob sich die Lage vielleicht irgendwann stabilisiert.« Mehr kann im Augenblick nicht getan werden.

Bis zu 600 000 Muscheln können sich auf einem einzigen Quadratmeter zusammenballen.

Auch hinsichtlich eines anderen im Ballastwasser eingereisten Neuankömmlings gilt es zunächst nur zu beobachten und aufzuzeichnen. Erstmals wurde sie 1988 im Eriesee gesichtet, Mitte 1990 hatte sie sich bereits bis in die entferntesten Winkel der anderen Seen verbreitet: die Zebramuschel.
Die kanadischen Wissenschaftler Joe Leach und John Fitzsimons sind der ursprünglich im Schwarzen und Kaspischen Meer beheimateten Kreatur auf der Spur. Angesichts ihrer ungeheuren Verbreitungsgeschwindigkeit drängt die Zeit. Die fingernagelgroßen Kreaturen wachsen in dicht gestaffelten Kolonien aufeinander, zuunterst siedeln die großen, oben die kleineren Exemplare. Bis zu 600 000 Muscheln können sich so auf einem einzigen Quadratmeter zusammenballen.
Bei der Wahl der Oberfläche, auf der sie sich festsetzen, zeigen sie sich äußerst anspruchslos: Fischernetze, Schiffsrümpfe, Bojen, versunkene Autowracks – jede Oberfläche scheint ihnen recht zu sein. Sogar auf lebenden Bewohnern des Seebodens, Krustentieren und anderen Lebewesen, schlagen sie ihre Zelte auf.
Auf dem Grund des Eriesees türmen sich Riffe aus Kalkstein, in denen Fische seit Jahrhunderten ihre Eier ablegen. Auch hier haben die Zebramuscheln sich häuslich niedergelassen. Der Boden ist von ihnen übersät, soweit das Auge reicht.
Leach und Fitzsimons gehören zu einem Stab kanadischer und US-Wissenschaftler, die im Auftrag ihrer Regierungen nach einer Möglichkeit suchen, den Zebramuscheln beizukommen. Die Auswirkungen des Eindringlings auf die empfindlichen chemischen Vorgänge der Fischlaiche und den Fischbestand der Gewässer sind noch unabsehbar.
Zebramuscheln sind sehr lebendige Wesen, die atmen und Nährstoffe verbrauchen, auf die andere Bewohner der Seen gleichermaßen angewiesen sind. Aus dem westlichen Becken des Eriesees filtern sie jährlich nahezu die Hälfte der wichtigsten Nahrungsquelle heraus: des Chlorophylls. Indem sie Rohre und Wassereinlaßöffnungen verstopfen, bedrohen sie auch die Wasserversorgung von Industrie und Privathaushalten. Es ist abzusehen, daß sie sich bald bis in den Hudson und Mississippi, ja noch darüber hinaus, ausgedehnt haben werden.
»Wenn man an Umweltverschmutzung denkt, dann meistens an chemische Verunreinigungen. Es gibt aber auch biologische Verschmutzungen. Gerade die großen Seen reagieren besonders empfindlich auf diese Art von Störun-

gen. Das gesamte System kommt durcheinander und zieht weitere Störungen nach sich.« Joe Leach weiß, wovon er spricht.

Den Garten Eden gibt es nicht mehr – an manchen Plätzen ist er zum Vorhof der Hölle geworden.

Die Natur ist auch auf das Verantwortungsbewußtsein des Menschen angewiesen. Diese Vogelscharen brauchen sauberes Wasser und giftfreie Brutplätze.

Bereits die Vergangenheit hat gelehrt, daß es verheerende Folgen haben kann, wenn störende Einflüsse auf dieses geschlossene Ökosystem einfach ignoriert werden. Den ständigen Veränderungen auf der Spur zu bleiben, ist eine gewaltige Aufgabe.

Eine schwere Hypothek, unter der die Großen Seen leiden, stammt aus dieser Vergangenheit: Chemikalien, die über die Luft oder direkt ins Wasser gelangt sind. Viele dieser Gifte und ihre Einleitung sind inzwischen – mitunter seit geraumer Zeit – verboten. Doch weiterhin entfalten sie ihre Verderben bringende Wirkung. Gerade auf den abgelegenen, von der Zivilisation scheinbar unberührten Inseln des Oberen Sees sieht der Beoachter der verzerrten Fratze der Industriegesellschaft ins Gesicht.

Jim Ludwig, Präsident der Michigan Audubon Society, hat sich an den Anblick immer noch nicht gewöhnen können. Systematisch beobachtet er die Vogelkolonien im Bereich der Großen Seen und erforscht, welche Auswirkungen die sich in den Eiern ablagernden, giftigen Substanzen auf neugeborene Vögel haben.

Seit Urzeiten kommen die Vögel zum Brüten an die Großen Seen. Luftige Völkerwanderungen brechen alljährlich in die Landschaft ein, in der sicheren Erwartung eines Paradieses. Doch den Garten Eden gibt es nicht mehr. An manchen Stellen ist er zum Vorhof der Hölle geworden: Deformierte Hüften, über Kreuz und krumm gewachsene Schnäbel, Mißbildungen an den Augen – hier büßen armselige Geschöpfe für die Vergehen, die Menschen an der Natur begangen haben. Krank siechen die Jungvögel jämmerlich dahin, sofern es ihnen überhaupt gelungen ist, durch die Eierschalen zu stoßen – viele der abgelegten Eier sind so von Gift verseucht, daß sie

»Totgeburten« bergen. Und viele der Jungen erblicken das Licht der Welt als mißgebildete Kreaturen, die aus eigenen Kräften nicht überleben können, und auf die der Hungertod wartet.

Am Ende des natürlichen Prozesses haben die chemischen Substanzen todbringende Konzentrationen erreicht.

Jim Ludwig hat aus den gesammelten Daten inzwischen eine Vorstellung herausgefiltert, wie sich die entsetzlichen Gifte im geschlossenen Ökosystem der Großen Seen verhalten. Die chemischen Stoffe sind meist nicht löslich und können auch nicht abfließen. Sie werden von Kleinstorganismen aufgenommen und geraten so unweigerlich in die Nahrungskette. Kleine Organismen werden von größeren verspeist – bis am Ende dieses natürlichen Prozesses die chemischen Substanzen todbringende Konzentrationen erreichen. Untersuchungen haben ergeben, daß die Giftkonzentration im Körper der Fische um eine Million mal höher ist als im Wasser. Im Körper der Vögel erhöhen sich die Konzentrationen noch einmal um das 30- bis 50-fache. Ein bestürzendes Zahlenspiel und eine äußerst hinterhältige Art der Vergiftung, die sich leicht ableugnen und vertuschen läßt.

»Man muß sich bewußt machen, daß es 99 Jahre dauert, bis das Wasser des Michigansees einmal ganz ausgetauscht ist. Wir sehen hier wahrscheinlich die Auswirkungen von Substanzen, die vor 20 Jahren eingeleitet wurden. Das Wasser hat einfach 20 Jahre gebraucht, bis es hier angekommen ist.«

Die Gefährdung betrifft alle, die sich von den Großen Seen ernähren – es wäre ausgesprochen naiv, anzunehmen, daß ausgerechnet die Menschen nicht davon berührt seien. Die Natur besitzt ein scharfes Gedächtnis. Wer das vergißt, wird eines Tages zum Opfer der eigenen Vergangenheit werden.

Internationale Versprechen, die Seen zu schonen, sind unerfüllt geblieben. Zunehmend werden die Menschen aus der Region selbst aktiv, um die Herausforderung anzunehmen. In Hamilton, Ontario wird deshalb über die Zukunft der Großen Seen debattiert. Aus der gesamten Region sind besorgte Menschen zusammengekommen, um ihre Hoffnungen und Befürchtungen der International Joint Commission vorzulegen. Eine Untersuchung spricht sich herum: »Neun von zehn Kanadiern glauben, daß ihre Gesundheit bereits unter der Umweltverschmutzung leidet.« Hunderte von Bürgern mit ganz verschiedenen Prioritäten äußern sich zur Zukunft der Großen Seen. Unter ihnen ist auch Jim Ludwig: »Von zentraler Bedeutung sind zwei Fragen, die sich alle, vor allem aber Politiker beantworten müssen: Für wen arbeite ich und wem schulde ich Loyalität?«

Im Abschlußbericht der Kommission ist zu lesen: »Unsere Generation hat versäumt zu erkennen, daß wir das, was wir den Großen Seen antun, uns selbst und unseren Kindern antun.«

Idyllen wie diese haben zwei Seiten: Zum einen vermitteln sie einen Eindruck von der überwältigenden Schönheit der Natur. Zum anderen sind sie trügerisch. Sie verleiten dazu, die Gefahren, denen die Umwelt durch den Menschen ausgesetzt ist, zu unterschätzen.

Das Autokennzeichen bringt es auf eine einfache Formel: Der Bundesstaat Michigan wird von den Großen Seen geprägt.

Was die Natur in 20 000 Jahren schuf, hat die industrielle Zivilisation innerhalb von weniger als 150 Jahren an den Rand des Ruins gebracht. Doch die Fehler der Vergangenheit sind geschehen. Jetzt kann es nur noch darum gehen, aus ihnen schnellstmöglich für die Zukunft zu lernen.

Die Großen Seen in Nordamerika sind das Beispiel für einen Lernprozeß. Er kam jedoch erst in Gang, als die Menschen hautnah verspürten, daß die Natur keine unversiegbare Quelle ist.

Überall auf der Welt beginnen Menschen an Umweltverschmutzungen zu erkranken, langfristig oft mit tödlichen Folgen. Bald kann es zu spät sein. Will der Mensch auf dem Raumschiff Erde eine Zukunft haben, muß er sofort etwas unternehmen. Im kleinen wie im großen heißt das vor allem: die eigenen Sicht- und Verhaltensweisen ändern. Aber auch, Veränderungen der Umwelt rechtzeitig wahrzunehmen und Gefährdungen vorzubeugen.

Fernab von jeglicher Zivilisation, unzugänglich und bedrohlich, reckt sich ein Berg gen Himmel, der als der faszinierendste der Erde gilt: der K 2. Dies ist die Geschichte seiner Eroberung, der Mühen, Qualen und Opfer des Bergsiegs.

K 2 – Berg des Todes

Wie eine Trutzburg mit Türmen aus Stein und Wassergräben aus Gletschereis liegt der Karakorum-Gebirgszug im Nordwesten des Himalaya und im Osten des Hindukusch. Im Norden verwehen die Sandstürme aus der großen Taklamakan-Wüste, im Süden endet der Einfluß des segensreichen Monsun-Regens. Der Karakorum steht als Grenzfeste zwischen Pakistan und China – seine Mauerzinnen: zahllose Sechstausender-Berge, seine Wehrtürme: 19 Siebentausender und vier Achttausender. Doch Bergfried ist der 8611 Meter hohe K 2, nach dem Mt. Everest der zweithöchste Berg der Erde.

K 2: Geheim-Code des Unentdeckten. Unter Bergsteigern gilt der K 2 als die größte Herausforderung. Lange Zeit wehrte er alle Versuche ab, auf seinen Gipfel zu gelangen, ihm »aufs Haupt zu steigen«: mit der List verborgener Gletscherspalten, der Tücke von Steinschlag und urplötzlichem Wetterwechsel und der Gewalt von Schneestürmen und Lawinen. Die Expeditionen, die 1902, 1909, 1938, 1939 und 1953 in sein Reich aus blendendweißen Gletschern und erbarmungslosem Granit-Gneis vordrangen, scheiterten. »Berg des Todes« wurde er fortan genannt. Als es 1954 schließlich doch gelang, war eine neue Dimension des Bergsteigens erschlossen.

Vorherige Seiten: Die wohlgesetzte Pyramide des K 2: unnahbar, eine Welt aus Granit und Eis. Generationen von Bergsteigern haben sich der Herausforderung des K 2 gestellt.

Ohne die einheimischen Träger blieben die Gipfel der Achttausender den Bergsteigern verschlossen.

Viele Berge im Gebirgszug des Karakorum wurden nie bezwungen, ja, nicht einmal in ihre Nähe sind je menschliche Wesen gelangt. Es ist eine gefährliche Welt des Windes und Eises, ein Reich tödlicher Gefahr. Die Berge rufen aus der Ferne, geheimnisvoll, unbekannt, bedeckt von einigen der größten Gletscher der Welt. Und ein Gipfel, unnahbar und einsam, überragt alle anderen: der K 2.

Für die Bewohner *Baltistans,* des Gebietes am oberen Indus zu Füßen des Karakorum, war dies eine mythische, verbotene Welt, der wolkenentrückte Sitz von Göttern und Geistern. Die Balti verharrten in ihren entlegenen, stillen Hochtälern und blickten in Demut hinauf zu den Höhen der Berggipfel.

Als die ersten europäischen Bergsteiger 1892 das erste Mal ins Land der Balti vordrangen, getrieben von einem ganz anderen Mythos, stieß ihr Begehren, zu den Wolken emporzusteigen auf völliges Unverständnis. Ein Mythos, nach dem Berge und Felsen mit Sirenengesang und Loreley-Lauten verführen können, ein Mythos, der seine Anziehungskraft daraus zieht, daß die Berge abgewandt, schroff, himmelhoch, unerreichbar wirken? Dieser Mythos stammte aus einer Kultur, die den Balti noch viel ferner war als der höchste aller Gipfel der sie umgebenden Berge. Einer Kultur, die vom Drang und Willen beseelt war, zu entdecken und zu erobern.

Das Hunza-Tal ist typisch für den Karakorum-Gebirgszug: fruchtbare, von Gletscherwassern gespeiste Felder zu Füßen hoch aufragender, karger Berghänge.

Der K 2 wurde zum Schauplatz eines dramatischen Ringens auf Leben und Tod.

Diese Menschen schienen von der tödlichen Gefahr, die ihnen im Reich der Götter und Geister drohte, geradezu herausgefordert zu werden. Und wer die Götter und Geister herausfordert, muß die Folgen davon tragen können. Doch die Europäer schlugen die Warnungen der Balti in den Wind, denn ihr Gott hatte verfügt: »Macht Euch die Erde untertan«. Der K 2 wurde zum Schauplatz eines dramatischen Ringens auf Leben und Tod.

Im Jahre 1909 macht Luigi Amadeo von Savoyen, Herzog von Abruzzen, den ersten Versuch zur Eroberung des Berggiganten und führt eine große Expedition

in die Eishölle des Karakorum. Er und seine italienischen Gefährten erkunden das Massiv von allen Seiten und versuchen den Aufstieg über den südöstlichen Grat, der später Abruzzi-Grat getauft wird.

»Wenn je ein Mensch den Fuß auf den eisigen Gipfel des K 2 setzen sollte, dann ist er kein Kletterer, sondern hat Flügel.«

Doch bei 6000 Höhenmetern setzen der Berg und die Götter den himmelwärts strebenden Europäern eine Grenze und die Mannschaft muß umkehren. Der Herzog prägt den Satz : »Wenn je ein Mensch den Fuß auf den eisigen Gipfel des K 2 setzen sollte, dann ist er kein Kletterer, sondern hat Flügel.«

Erst 29 Jahre später wagen die Bergsteiger es wieder, dem Titanen des Karakorum die Stirn zu bieten. Im Juni 1938 versucht das erste amerikanische Team unter Dr. Charles Houston, die einfachste Route zum Gipfel zu finden. Rasch bekommen jedoch auch sie zu spüren, daß mit dem K 2 nicht zu spaßen ist. Auf 7900 Metern verläßt die Männer der Mut: Höllisches Wetter, schwindende Vorräte, Erschöpfung und die blanke Angst, dort oben gefangen zu bleiben, lassen sie schließlich aufgeben. Noch hält der K 2 die Menschlein auf Distanz – und holt im nächsten Jahr zum ersten vernichtenden Schlag aus.

Als sich 1939 eine weitere amerikanische Expedition unter Fritz Wiessner auf den Weg macht, sind die Erwartungen hochgesteckt. Der Herzog von Abruzzen und Houston haben wertvolle Vorarbeit geleistet und Wiessner hat sich der Dienste eines Sherpa versichert – eines Tibeters, der zum bergerfahrenen Volksstamm gleichen Namens aus der Gegend um den Mt. Everest gehört. Der Aufstieg zum Basislager und später zum Gipfel verläuft nach Plan. Nur 220 Meter trennen Wiessner noch vom ersehnten Ziel – da weigert sich der Sherpa, auch nur einen Schritt weiterzugehen: Die Angst vor den Göttern auf dem Gipfel hat ihn überwältigt. Da die verbliebenen Vorräte zur Neige gegangen sind, steigen die beiden wieder zum Basislager ab.

Die Balti sind seit jeher daran gewöhnt, auf unwegsamen Pfaden schwere Lasten durch die Hochtäler zu tragen.

Auch in den Hochtälern der benachbarten Himalaya-Kette bestimmt die selbstversorgerische Landwirtschaft das Leben der Einheimischen.

220 Meter vor dem Gipfel überwältigt die Angst vor den Göttern den Sherpa.

Mit Entsetzen müssen sie jedoch feststellen, daß ihr Camp nicht mehr steht. Der vorzeitige Abstieg, das Zurückweichen vor dem letzten Sanktuarium hat den K 2 nicht versöhnt. Er fordert seine Opfer: Der im Basislager zurückgebliebene, verletzte Bergsteiger Dudley Wolfe, dessen Stelle der Sherpa beim Gipfelaufstieg eingenommen hatte, und drei der Träger zählen zu den ersten Bergtoten am K 2.

1953 rüstet wiederum Houston, der Amerikaner, eine Expedition aus. Diesmal ist ein wesentlich stärkeres, besser vorbereitetes Team unterwegs, um den K 2 Mores zu lehren. Doch bald halten heftige Stürme die Männer in hoher Lage gefangen. Bittere Kälte kriecht durch Mark und Bein, Hunger und Erschöpfung zehren am Lebensnerv. Plötzlich entwickeln sich beim Expeditionsteilnehmer Arthur Gilkey Blutgerinnsel im Bein. Der Aufstieg muß deshalb sofort abgebrochen und der todkranke Kamerad so rasch wie möglich ins Tal gebracht werden.

Wie eine Mumie in Schlafsack und Zeltbahn gewickelt, wird Gilkey mit Seilen hinabgelassen. Der Schneesturm erschwert den ohnehin mühseligen und die letzten Kräfte verzehrenden Abstieg. Da rutscht einer der Bergsteiger ab, reißt vier andere mit sich! Der fünfte im Seil findet gerade noch Halt, verhindert mit letzter Kraft den Sturz in die Tiefe. Zerschunden, mit Schürfwunden und Prellungen am ganzen Körper, schlagen die Bergsteiger auf einem schmalen Felsvorsprung ein Notbiwak auf. Gilkey wird mit Eispickeln am Hang sicher, so scheint es, verankert.

Der Donnerhall einer Lawine reißt die Männer aus dem Erschöpfungsschlaf. Sie stürzen zum Liegeplatz Gilkeys. Die Lawine hat den Freund mit sich gerissen! In ihren Schmerz mischt sich auch die bittere Erkenntnis, daß sie den Abstieg mit dem Kranken nie bewältigt hätten. Wieder hat der K 2 dem Ansturm widerstanden und seinen Tribut an Leben eingefordert.

Im Jahre 1954 wagen erneut Italiener den Versuch, den K 2 zu bezwingen. Sie haben aus den Erfahrungen der früheren Expeditionen gelernt und ihr Vorhaben nahezu militärisch organisiert. Unter der Leitung von A. Desio brechen zwölf Bergsteiger und 500 Träger zum K 2 auf. Der Berg warnt: Einer der kräftigsten und erprobtesten der italienischen Bergsteiger wird durch eine Lungenentzündung dahingerafft. Um seinetwillen kämpft sich die Expedition noch verbissener voran. Und schließlich gelingt es am 31. Juli 1954 – 45 Jahre nach dem ersten italienischen Versuch – zwei Männern der Mannschaft, den »Berg des Todes« niederzuringen. Der Bann ist gebrochen, unbedingter Wille gepaart mit unglaublicher Leidensfähigkeit hat das Tor aufgestoßen zu einer neuen Dimension des Bergsteigens. Sind die Götter vertrieben, hat sich der Berg ergeben?

Es vergehen 20 Jahre, bis Bergsteiger wieder die Gelegenheit erhalten, nach einer Antwort zu suchen. Politische Auseinandersetzungen zwischen Pakistan, Indien und China führen im Spätherbst 1960 dazu, daß die Grenzgebiete zum Sperrbezirk erklärt werden. Erst 1974 werden die Bestimmungen wieder

Der Weg durch die Braldo-Schlucht erfordert Umwege und steile Kletterpartien.

Schmale Gebirgspfade schneiden sich durch die Geröllhänge der Braldo-Schlucht.

gelockert, dürfen sich erneut Expeditionen auf den Weg machen. Nach dem Bergsieg der Italiener wird der K 2 zunächst einmal wieder seiner ursprünglichen, majestätischen Einsamkeit überlassen.
Die Generation von Gipfelstürmern, die jetzt, zwanzig Jahre nach der Erstbesteigung, dem K 2 zu Leibe rücken will, geht vorsichtiger, planmäßiger, vielleicht auch großspuriger ans Werk. Die Ausrüstung und Logistik der Expedition rückt in den Vordergrund. Vorbereitendes Training, verbesserte Klettertechniken und Hilfsmittel wie Sauerstoff begrenzen das Risiko. Was die siegreichen Italiener 1954 vormachten, die »generalstabsmäßig« geplante Gipfeleroberung, wird konsequent weiterentwickelt. Es sind großangelegte, aufwendige Unternehmungen. Monate, bisweilen Jahre vergehen, bis die Kletterer sich die notwendigen Mittel für eine Expedition beschafft haben, die Genehmigungen der Behörden eingegangen sind und feststeht, mit welchen Gefährten das Abenteuer zu wagen ist.
Im Extremfall sind es von Sponsoren finanzierte »Techno-Climbers«, von Fernsehteams begleitete »videogene« Bergsteiger, die auf den K 2 wollen. Bis zu 1300 Lastenträger mögen dann auf seilgesicherten und mit Streckenposten versehenen Routen die Ausrüstung und Verpflegung bis ins Basislager am Fuße der Pyramide des K 2 schleppen.
Lediglich eine kleine Minderheit der Bergsüchtigen geht einen völlig anderen Weg, einen besessenen und narzistischen Weg des totalen Risikos, des Alleingangs ohne Hilfsmittel und Sauerstoffflaschen – Bergsteigen *à la nature,* für das ein Name exemplarisch steht: Reinhold Messner.
Der Mensch allein gegen den Berg – gibt es dieses archaische Ringen also noch? Oder ist es jetzt bloß eine Frage der Technik, wie die Urgewalt des »Bergs des Todes« bezähmt werden kann?

Das Flugfeld von Skardu ist das Einfallstor für alle, die in der Bergwelt des Karakorum das große Abenteuer suchen.

Das Flugfeld von Skardu ist das Einfallstor für alle, die in der Bergwelt des Karakorum das große Abenteuer suchen.

Skardu ist die 2300 Meter hoch gelegene Hauptstadt von Baltistan, »Land der Balti«, das auch »Klein-Tibet« genannt wird. Das Land der Balti liegt am Oberlauf des Indus auf 35° Breite und 75° Länge zwischen der Hauptkette des Himalaya und dem Karakorum.

In Skardu werden die Tonnen an Expeditionsvorräten und -ausrüstung ausgeladen, die später – auf die Rücken von Männern gepackt – in das Basislager zu Füßen des K 2 geschleppt werden.

Hier stoßen zwei Welten aufeinander: Einerseits die der Bergsteiger aus fernen Ländern, die mit großem finanziellem Aufwand und unter Einsatz raffinierter Technik ihr Ziel anstreben; andererseits die nur scheinbar von den großen Kulturen abgeschlossene Welt der stolzen Balti, in der sich zwei Hochreligionen durchdrungen haben: der tibetische Buddhismus und der schiitische Islam.

In dieser Weltgegend sind sich Ost und West schon immer begegnet. Die Gesichter der Menschen spiegeln den Einfluß verschiedener Völker wider. Ursprünglich gehörte Baltistan zum Einflußgebiet Tibets. Und obwohl die Balti heute Moslems sind, verständigen sie sich auch heute noch nicht in einer Turk- oder hindustanischen Sprache, sondern in einer tibetischen.

Doch schon weit früher, zu Zeiten Alexanders des Großen, trafen hier West auf Ost, Nord auf Süd. Der Name Skardu leitet sich angeblich von *Iskanderia*, »Stadt des Alexander«, ab. Den Tibetern folgten Eindringlinge aus Turkestan, China, der Mongolei und schließlich die Engländer. Ein italienischer Reisender nannte das Volk der Balti einmal »ein lebendes Museum für Anthropologie«.

Mit dem englischen Kolonialismus setzte die Beeinflussung der Balti durch die westliche, technische Zivilisation ein. Was die mächtigen orientalischen Kulturen nicht vermocht – und wohl auch nicht beabsichtigt – hatten, mag dem westlichen Einfluß nach und nach gelingen: die Veränderung der uralten Lebensformen der Balti.

Der Landstrich gliche einer Wüste, würden die riesigen Gletscher nicht für reichliche Wasserzufuhr sorgen.

Die Balti leben in den Hochtälern ihrer Heimat. Im Sommer steigen die Temperaturen am Tag auf 40°C, die Nächte sind angenehm kühl. Die Winter sind kalt, mit eisigen Winden, die von den Gletschern herabfegen, und Tagestemperaturen, die 0°C kaum einmal überschreiten. Regen fällt fast nie. Die abgeschiedenen Dörfer der Balti ähneln Oasen, ja der Landstrich gliche einer Wüste, würden die riesigen Gletscher nicht für reichliche Wasserzufuhr sorgen. Ein ausgeklügeltes, äußerst wirkungsvolles Bewässerungssystem mit Gräben und Kanälen sichert das Wachstum der Saat auf den Terrassenfeldern. Allein dieses Bewässerungssystem zeugt vom hohen zivilisatorischen Standard der Balti.

Ihre Landwirtschaft dient traditionell der Selbstversorgung mit Gerste, Hirse, Buchweizen, Reis, Äpfeln, Trauben und Aprikosen. Schafe sorgen für Wolle, Milch und Fleisch. Selbstversorgung mit ein wenig Tausch von Überschußprodukten, fürsorgliche Gemeinschaftsarbeiten wie Bewässerungsbau, soziale Sicherheit in Großfamilie und Dorfgemeinde, Aufgehobenheit in der Religion – so ließe sich das traditionelle Leben der Balti beschreiben.

Ein Leben, das in der tibetisch-buddhistischen Kultur wurzelt, in der animistische Vorstellungen – der Glaube, daß die Umwelt, die Bäume, die Berge beseelt, »animiert«, seien – einen festen Platz hat. Auch das religiöse System des Islam, dessen schiitischer oder ismailitischer Ausprägung die Balti heute anhängen, akzeptiert die Vorstellung von Geistern, *Dschins*. Wen wundert das angesichts der Macht- und Prachtentfaltung der Natur mit ihren gewaltigen Achttausender-Bergen?

Diese Geister durften nicht aufgestört werden, denn ihr Zorn hatte schreckliche Folgen: Unwetter, Erdrutsche, Lawinen, Steinschlag, tobende Wasser. Sanftmütige Geister aber brachten mildes Klima, Sonne und wachstumsspendende Gletscherbäche in der Hitzezeit.

Wer in der warmen Jahreszeit vom blühenden Aprikosenhain auf die blaublendenden Gletscher blickt, die diesen Obstgarten mit Wasser speisen, der mag an die wohlgefügte Harmonie der Natur glauben. Die Balti sahen für sich nie einen Grund, in das Reich der Geister auf den Gletschern und Berggipfeln vorzudringen.

Tonnen von Ausrüstung schleppen die Balti-Träger über Moränen und Gletscher ins Basislager.

Schwankende Hängebrücken sind oft die einzige Möglichkeit, reißende Sturzbäche zu überqueren.

Die Zeiten ändern sich: Die Bergsteiger wirken unbeabsichtigt als »Agenten des Wandels«. Um in die Berghöhen vorzudringen, brauchen sie Träger. Und die Balti, angelockt vom geschäftigen Treiben auf dem Flugfeld von Skardu, von der grellbunten Expeditionsausrüstung, die glasperlengleich die Sinne verwirrt und verführt, sind zunächst gerne bereit, sich als Träger für die Fremden zur Verfügung zu stellen. Doch verstehen die an karges Leben gewöhnten Balti, warum die Bergsteiger soviel Geld ausgeben? Für ein Ziel, das keinen Nutzen bringt, sondern nur die Geister erzürnen muß?

Der uralte Kreislauf, das überschaubare Sinngefüge von Leben und Arbeiten, wandelt sich und nimmt, zumindest auf Zeit, ein neues Element auf.

Die Aussicht auf den Lohn, nach Maßstäben der Balti hohe Summen, läßt sie den Gedanken an die Geister beiseiteschieben. Aus Bauern werden Träger, Lohnarbeiter auf Zeit. Das Geld, ein anderes, abstrakteres Tauschmittel als die der Erde entrungene Nahrung oder Kleidung, kann die Wünsche erfüllen, die die Warenwelt des Westens wie der Apfel Evas im Paradies geweckt hat. Die Tätigkeit als Träger führt die Balti zu neuen Erfahrungen. Der uralte Kreislauf, das überschaubare Sinngefüge von Leben und Arbeiten, wandelt sich und nimmt, zumindest auf Zeit, ein neues Element auf.

Nach Aufhebung der Sperre des Grenzgebiets folgen Expeditionen auf Expeditionen – und werden für die Balti zum fest einkalkulierten Nebenbroterwerb. Unter den ersten, die zur Stelle sind, ist 1975 die K 2-Expedition des Amerikaners Jim Whittaker. Allein für den Transport der Ausrüstung zum Basislager und zurück wird sie 80 000 US-Dollar ausgeben – genug, um das Jahreseinkommen mehrerer Dörfer zu sichern. Doch bevor diese Rechnung gemacht werden kann, stehen den Amerikanern lange, harte Wochen bevor.

Nachdem die Ausrüstung in Skardu aus dem Flugzeug geholt ist, werden die Männer, die sich als Träger anbieten, vom Expeditionsarzt untersucht und

engagiert. Ein zusammengewürfelter Transportkonvoi – jedes Fahrzeug, dessen man habhaft werden kann, wird angemietet – legt die letzten 80 Kilometer befahrbare Piste zurück. Danach beginnt der Fußmarsch.

Jetzt erhält jeder Träger eine Nummer und ein Namensschild, das ihn ausweist und die Lasten benennt, die er zu tragen hat. Anhand dieses Schildchens wird auch seine Bezahlung am Ende des Trecks geregelt.

Jeder Gegenstand ist unabdingbarer Teil eines wohlgefügten Puzzles.

Whittaker hat zudem Träger engagiert, die die Bergsteiger über das Basislager hinaus begleiten sollen. Ebenso gekleidet und ausgestattet wie die Bergsteiger selbst, tragen sie Material und Vorräte für die Hoch-Camps.

Vor dem Aufbruch stapelt sich das Tragegut zu einem scheinbar unentwirrbaren Durcheinander: Seile, Haken, Eispickel, Zelte und Planen, Gas- und Sauerstoff-Flaschen, Becher, Teller, Besteck, Medikamente und hochwertige Lebensmittel – insgesamt mehrere Tonnen Gewicht. Aber jeder einzelne Gegenstand ist sinnvoller und unabdingbarer Teil eines wohlgefügten Puzzles.

Nachdem jeder Träger mit genau 25 Kilogramm bepackt ist – nicht gleichmäßig verteilte Lasten führen zu Eifersüchteleien unter den Balti – bricht die Expedition auf. Vor den Männern liegen 120 Kilometer mühseliger Wegstrecke. Dann wird *Concordia* erreicht sein, der eigentliche Ausgangspunkt für den Aufstieg zum K2. Der sehr beeindruckende Zusammenfluß dreier großer Gletscher bezieht seinen Namen von der gleichlautenden Gletscherkreuzung in den Berner Alpen.

Dieser Marsch dauert, je nach Widrigkeiten, zwei bis vier Wochen. Zehn bis 15 Kilometer werden täglich bewältigt – über Fels und Schotter, durch reißendes Wildwasser. Die Tagestemperaturen steigen zuweilen über 40°C, was die Nächte um so kälter erscheinen läßt. Trotz seiner Mühen bietet der Aufstieg von 2600 Metern in Skardu auf 5200 Meter in Concordia die Gelegenheit, sich allmählich an größere Höhen zu akklimatisieren, und verringert die Gefahr der tückischen, manchmal tödlich verlaufenden Höhenkrankheit. Die *Acute Mountain Sickness,* kurz *AMS,* verursacht durch den geringeren Sauerstoffgehalt der Luft, kann ab ca. 3000 Metern auch den besttrainiertesten Bergsteiger befallen. Zu Beginn äußert sie sich in allgemeinen Symptomen wie Kopfschmerzen und Atemnot, später in merklichem Verlust der Koordinationsfähigkeit, Bewußlosigkeit und geistiger Verwirrung. In Höhenlagen können Ruhe und viel Flüssigkeit zur Besserung führen, falls dies aber nicht hilft, gibt es nur eines: den sofortigen Abstieg.

Zu den Schwierigkeiten auf dem Weg nach Concordia zählen auch die Flußüberquerungen, besonders wenn Brükken beschädigt oder sogar zerstört vorgefunden werden. Sind die traditionellen Seilhängebrücken mit Trossen aus geflochtenen Weiden- und Pappelzweigen schon luftig genug, so werden die von der Expedition gespannten Seilrutschen zur geradezu »windigen« Angelegenheit.

An einigen Stellen helfen nur Seilwinden weiter. Bereits der Weg hinauf zum Basislager verlangt den Männern alles ab.

Für manche ist der Weg hinauf zum K2 frühzeitig zu Ende. Hier bringen Balti-Träger einen Bergsteiger zu Tal.

Für Wochen müssen sich die Bergsteiger ein behelfsmäßiges Heim im Schnee errichten. Blendend weißen, sonnig warmen Tagen folgen bitterkalte, frostige Nächte.

Am Ende eines anstrengenden Tages in Staub, Hitze, Eiswasser und vor der kalten Nacht freuen sich die Männer auf die Rast in einem schützenden Dorf. Zum Ausklang des Tages knien die Balti gen Mekka, um zu beten. Diesem Ritual folgen sie fünfmal am Tag.

War der Tag besonders hart, die Stimmung verdrossen, dann mag auch das Abendgebet keinen Frieden schaffen. Unruhe breitet sich unter den Trägern aus. Sie fordern mehr Lohn, obwohl die Löhne von der pakistanischen Regierung festgesetzt wurden. Sie drohen gar mit Streik. Die Bergsteiger, die um die halbe Welt gereist sind, um ihr abenteuerliches Ziel zu erreichen, fühlen sich betrogen und erpreßt. Sie können ihr Verständnis von Fairness und korrektem Verhalten sprachlich nicht vermitteln. Der Kulturschock schafft böses Blut. Andererseits verstehen die um ihre Existenz ringenden Balti nicht, warum sich die reichen Sahibs so kleinlich zeigen. Die Täler gehören den Balti und die Berge den Geistern der Balti. Die Fremden sollten sich dankbar und großzügig zeigen. Schwer nur verstehen die Balti, warum erwachsene und starke Männer ihre Familien verlassen, um harte Arbeit zu verrichten, die keine Ernte und keinen Lohn verspricht. Warum nur begeben sich die Weißen sinnlos in Gefahr – in die Gefahr, ihr Leben durch den Zorn der Geister zu verlieren?

Das Morgengebet reinigt die Stimmung. Ein harter Tag in der Schlucht des Braldo-Flusses steht den Bergsteigern bevor. Sie wird als Hindernis gefürchtet. Reinhold Messner hielt die Braldo-Schlucht bei seiner K 2-Besteigung für gefährlicher als die Eiger-Nordwand.

Der trittunsichere Pfad windet sich langwierig in die Höhe und wieder hinab zu den Stromschnellen. Mehrfach muß der Fluß überquert werden. Dazu dienen die schwankenden Hängebrücken, *Julas* genannt. Manchmal bleibt nur die tastende Durchquerung auf glitschigen Felsen durch die nässende Gischt. Ein Träger strauchelt im eisigen Wasser des Braldo. Die schwere Last zieht ihn nieder. Der Bergsteiger, der ihm beispringt, rettet ihn vor dem sicheren Tode.

Die Gefahrenzone der Braldo-Schlucht erstreckt sich über 1,5 Kilometer. Von den pfadlosen, nahezu senkrechten Hängen aus Geröll und Moränenschutt donnert unberechenbar Steinschlag in den Fluß. Die Männer retten sich von ei-

nem Felsvorsprung zum anderen. Und doch – dies ist die übliche Route für Einheimische und Bergsteiger.
Schließlich hält der tosende Fluß in einer Talausbuchtung eine kleine Wiedergutmachung bereit: Ein von heißen Quellen gespeistes Wasserbecken, in dem die Bergsteiger den Schmutz und Schweiß des mühsamen Marsches abwaschen und ihre geschundenen Körper etwas verwöhnen können. Zum leiblichen Wohl gehören auch die *Chapati*, Fladen aus Weizenmehl und Wasser, das tägliche Brot der Balti.

Die Expedition ist eine soziale Welt und ein technisches Funktionsgefüge für sich.

Wenn das Lager in der Nähe eines Dorfes aufgeschlagen wird, kann sich der Arzt der Expedition nicht vor Patienten retten. In den Hochtälern gibt es kaum medizinische Versorgung, auch nicht aus der Luft. Deshalb bleiben den erkrankten Balti häufig nur die Ärzte und Apotheken der Expeditionen als letzte Hoffnung. Aber dieser Erwartung können die Ausländer nicht gerecht werden. Sie stehen unter großem Zeitdruck. Gründliche Diagnose und langfristige Therapie können sie nicht leisten. Hinzu kommt, daß erkrankte Frauen nicht von einem Mann, auch nicht von einem Arzt, untersucht werden dürfen.
Es sind keine Albert Schweitzers, die in das Karakorum vordringen, sondern Mediziner als Funktionsteil des Expeditionsapparates. Es mag befremdend wirken, wenn sie – mehr oder weniger als Placebos – Aspirintabletten ausgeben. Aber es bleibt ihnen keine andere Wahl. Die Expedition ist eine soziale Welt und ein technisches Funktionsgefüge für sich. Jedes kleinste Stück Ausrüstung – auch die Apotheke – dient nur dem zeitlich begrenzten Vorhaben. Allein daraus läßt sich erklären, daß selbst zwei aufeinandertreffende Expeditionen sich nur im extremen Ernstfall mit Medikamenten aushelfen.
Die ganze Nacht hindurch brennen die Lagerfeuer, um die beißende Kälte erträglicher zu machen. Das Morgengebet kündigt den neuen Tag an. Beim Morgengrauen schon zieht der Treck weiter, um vor der prallen Mittagshitze eine

möglichst große Wegstrecke zurückzulegen. Heute wird eine Etappenschwelle erreicht werden: der Baltoro-Gletscher. Danach werden die wilden Rosen und der wilde Lavendel der kargen Felstäler das Auge nicht mehr erfreuen. Und es wird keine Dörfer mehr geben, in deren Nähe Trauben und Aprikosen wachsen, die die gastfreundlichen Balti dem fremden Wanderer gerne als Wegzehrung mitzugeben pflegen.

Die Expedition erreicht den Endmoränen-Wall des Baltoro. Unüberblickbar hoch verschließt die etwa einen Kilometer breite Geröllmauer das obere Tal. Nur Rinnsale und Bäche eisigen Wassers schmuggeln sich von jenseits der Schwelle durch das Gestein. Die Karawane ersteigt den Gletscherwall. Die Bergsteiger werden von einem nahezu übersinnlichen Anblick ergriffen: Die bizarren Fels- und Eisungetüme des Karakorum erscheinen durch die Reflexion des Gletschers, die Strahlkraft des Himmels und die tiefen Schatten fast unwirklich. Es erscheint unmöglich, eine solche Ansicht auf Film oder auf Video zu bannen. Als wären sie trunken und verführt, zieht es die Männer auf den Baltoro, dem Inneren des Karakorum zu, wo der K 2 ihrer harrt.

Doch die erhabenen Gefühle ernüchtern schnell, vom gleißenden Anblick reißt man sich los. 35 Kilometer sind auf dem Gletscher zurückzulegen, jeder Meter davon voll Schwierigkeiten, Tücke und Gefahr. Meist auf dem Eis, aber auch entlang der Seitenmoränen, über Geröllanschwemmungen und durch reißende Schmelzwasserfurchen kämpfen sich die Männer vorwärts.

Für die Balti ist der Gletscher ein Hort böser Geister.

Für die Balti ist der Gletscher ein Hort böser Geister: Knirschend, krachend und klagend entladen sich die gewaltigen Spannungskräfte in seinem Innern. Aus freien Stücken betreten die Balti den Gletscher nie.

Das Wetter wechselt jäh. Eben noch konnten nur dunkle Brillengläser die Augen schützen, weil Schnee und Eis die gleißende Sonne reflektierten. Jetzt, Sekunden später, peitscht eisiger Wind in die Augen, und bedeckt der verwehende Schnee Gefahren wie vereisten Fels und Gletscherspalten. Die Karawane sichert sich deshalb streckenweise mit Seilen.

Jetzt, endlich, sehen die Bergsteiger das »Objekt ihrer Begierde« vor sich: den K 2.

Schließlich ist Concordia, das erste große Etappenziel, erreicht, von wo aus die Expedition auf das Eis des nördlichen Goodwin-Austen-Gletschers einschwenkt. Jetzt, endlich, sehen die Bergsteiger das »Objekt ihrer Begierde« vor sich: den K 2. Die Hohlgasse des Goodwin-Austen-Seitenarms führt wie ein Eiskanal scheinbar schnurstracks zum Gipfel des Berges. Die Illusion einer umgekehrten Rutschbahn weckt trügerische Vorfreude auf den letzten, eigentlichen Teil der Bergexpedition.

Der lange Anmarsch ist geschafft. Die Expedition hat den Fuß des Berges erreicht, das Basislager kann aufgeschlagen werden. Für die meisten Träger bedeutet dies das Ende der Strapazen. Nach einer weiteren Nacht auf dem Gletschereis werden sie morgens ausbezahlt. In einem kleinen Packen von abgegriffenen Papierscheinen findet sich all ihre Mühe und Anstrengung wieder. Sie quittieren mit einem Daumenabdruck. Dann zieht es sie mit Macht hinab in ihre Täler.

Wo es möglich ist, beschleunigen sie die Schritte. Eine doppelte Last ist von ihren Schultern genommen, auch die des Schuldgefühls gegenüber den Berggeistern. Nicht der Berg ruft, sondern das sommerliche Tal. Dort unten – immer noch über 2000 Meter hoch – saugen sich die Früchte im Aprikosenhain voll mit Sonne. Ohne Neid, vielmehr in Sorge um die im Basislager verbliebenen Balti, schweifen die Gedanken der Heimgekehrten nurmehr gelegentlich in die Höhe der Gipfel.

Dort oben müssen sich die Bergsteiger ein frostiges Heim für möglicherweise mehrere Wochen einrichten. In den bitterkalten Nächten, wenn gar noch der

Schneesturm an den Verankerungen der winzigen Zelte reißt und der Berg seine bedrückende Masse nur erahnen läßt, mag sich mancher der Männer fragen, was ihn hierher getrieben hat. Doch wenn morgens die steifen Glieder gelockert sind und die östliche Seite des Berges im Sonnenlicht zu leuchten beginnt – dann erwachen wieder Wagemut und der menschliche Drang nach Erkundung alles Erkundbaren, auch der Drang, die eigenen Grenzen auszuloten: bei Gefahr der Selbstzerstörung.
Während die Männer sich auf diese Grenzerfahrung vorbereiten, wartet der Berg.

Der K 2, zweiter Titan unter den Giganten, ruht gefestigt in der absolut gesetzten Form der Pyramide.

Der K 2, zweiter Titan unter den Giganten, ruht gefestigt in der absolut gesetzten Form der Pyramide. Noch zeigt er nicht unwirsch seine Macht und Gewalt. Er läßt die Träger und Bergsteiger auf seiner Flanke verschiedene Höhenlager einrichten. Dorthin werden mühselig, Schritt für Schritt, die Überlebensmittel bergauf geschleppt: Zelte, Schlafsäcke, Seile, Gaskocher, Nahrungsmittel, Medikamente. Die Logistik für die kleine Zahl verwegener Gipfelstürmer wird erstellt. Mit dem systematischen Aufbau dieser Höhenleiter versuchen sich die Männer zu vergewissern, daß ihr Unterfangen lediglich eine Abfolge logisch durchdachter, technischer Schritte ist. Doch dann bricht wenige Meter neben ihnen eine riesige Lawine in die Tiefe. Mit einem Brüllen wie von tausend Schnellzügen donnern die Schneemassen 3000 Meter in das Tal.

Manchmal hält das launische Wetter am K 2 die Bergsteiger für Tage im Lager gefangen.

Das glühende Auge des Bergzyklopen wacht über den himmelwärts strebenden Menschen.

Und dennoch – trotz oder gerade wegen ihrer ungeheuerlichen Gewalt inszeniert die Lawine ihren Abgang als ein sinfonisches Furioso: Sie gleitet durch Bergkerben. Sie stürzt sich, von Schneestaub umschleiert, von Felskuppen. Sie zwingt riesige Gesteinsbrocken zum Mittanzen. Ein Höllenschauspiel in himmlischer Höhe.
Wie dampfende und stöhnende Maschinen stapfen die Männer mit ihren 15-20 Kilogramm schweren Lasten die steilen Schnee-, Eis- und Felswände empor. Der K2 ist äußerst wetterlaunisch. Dies macht ihn gefährlicher als die anderen Berggiganten. Das Karakorum insgesamt ist sehr wetterwendisch und berüchtigt dafür, daß selbst im Sommer starke Orkanstürme toben können.
Zu den Gefahren durch das Wetter gesellen sich gesundheitliche. Oberhalb der Höhe von 5700 Metern ist das Anpassungsvermögen des Körpers geringer als die Anforderungen an ihn. Der Mangel an Sauerstoff kann zu Gewichtsverlust und äußerster Erschöpfung führen: Höhenkrankheit, Erfrierungen und Wasserbildungen in Lunge oder Hirn sind eine ständige Bedrohung. Wohl am gefährlichsten aber ist die mögliche Beeinträchtigung des Urteilsvermögens in solch schwieriger Lage.

Immer wieder schauen die Männer hinauf und besprechen den besten Weg.

Auch steilste Felsenwände sind für die Gipfelsehnsucht der Bergsteiger kein Hindernis. Für das eine Ziel nehmen sie extremste körperliche und psychische Belastungen in Kauf.

»Du stößt an deine Grenzen und überwindest sie.«

Warum aber, wird immer wieder gefragt, setzt sich ein Mensch freiwillig solchen Extrem- und Grenzbedingungen aus? Der K2-Veteran Charles Houston versucht zu erklären: »Bei diesem Wahnsinnsabenteuer entsteht eine emotionale Besessenheit, sie hält dich bei der Stange, läßt dich nicht aufgeben. Du stößt an deine Grenzen und überwindest sie. Die große Höhe vernebelt deine Sinne, wie ein kranker Mann läufst du durch einen Traum. Erst wenn es vorbei ist, weißt du überhaupt, daß du es geschafft hast.«
Wieder einmal schlägt das Wetter um. Der Schneesturm nimmt jede Sicht. Jeder Schritt kann Verderben bedeuten. Die Männer finden sich auf einem schmalen Vorsprung gefangen. Der fehlende Bewegungsraum lähmt. Der

Schnee begräbt die Männer lebendig. Sie müssen ausharren, indem sie sich den Bedingungen anpassen. Der Funkkontakt mit dem Basislager verringert zwar nicht die wirkliche Gefahr, aber immerhin das Gefühl, völlig ausgesetzt und verloren zu sein. Den tatkräftigen Männern bleiben nur bescheidene Tätigkeiten: Schnee zu Wasser schmelzen, ein wenig Schnee schaufeln.
Endlich bessert sich das Wetter. Die Männer schnallen die Steigeisen an, klinken die Karabinerhaken ein und greifen nach den Eispickeln. Mühsam steigen sie auf. Der Wille der Eroberer zum nächsten und immernächsten Schritt ist ungebrochen – aber die Beine verzögern, der Energiestrom verlangsamt sich vom Kopf in die Füße bis zum Stillstand, ja bis zum Abrutschen. Der Blick zum Gipfel wird wieder durch aufgewirbelten Schnee verdeckt.
Auf etwa 6700 Metern Höhe schließlich geben die Männer auf. Sie wehren sich nicht mehr gegen die Erkenntnis, daß ihre Kräfte nicht ausreichen werden, den Berggiganten zu besiegen. Vielmehr sind sie die Besiegten. Der Anmarsch hat zu viel Zeit, Kraft und materielle Reserven gekostet, erinnert sich Jim Whittaker später. Sie müssen sich mit ihrer Niederlage abfinden. Am Ende können sie froh sein, ihr Leben bewahrt zu haben. Der »Berg des Todes« konnte es ihnen nicht rauben. Aber er hat ihren Stolz gebrochen.
Beim Abstieg hellt das Wetter auf. In eisiger Unzugänglichkeit erstrahlt der Gipfel des K 2. Diesen Gleichmut titanischer Erhabenheit empfinden einige Bergsteiger als Verachtung. Der verzehrende Wunsch wird sie fortan nicht verlassen, irgendwann zurückzukehren und Revanche zu nehmen.

Selbst Trauer und Totenehrung dürfen den Aufstieg nicht gefährden.

Bevor sie dazu Gelegenheit haben, sind jedoch andere an der Reihe, sich mit dem Bergtitanen zu messen. Diesmal ist eine französische Expedition unterwegs zum K 2. Dabei ist auch Yannick Seigneur, einer der bekanntesten Bergsteiger des Landes. Seine persönliche Sammlung von Himalaya-Bergsiegen ist beeindruckend. Vor der Expedition hat er hart trainiert in den *Calanques*, den steilen Klippen an der französischen Mittelmeerküste.
Die Bergsteiger streben nach oben. Ihr Ehrgeiz ist groß, den Anmarsch zum Basislager haben sie problemlos bewältigt. Die Beine haben noch Kraft, das Ziel ist bedrängend deutlich sichtbar und zieht magnetisch an. Jede Verzögerung wirkt lästig und wird ungeduldig behoben.
Aber dann stirbt ein Mensch! Zwischen zwei Hochcamps erleidet ein Balti-Träger den plötzlichen Herztod. Er ist das achte Opfer des K 2. Doch Trauer und Totenehrung dürfen den Aufstieg nicht gefährden. Die Franzosen nehmen die Warnung des Berges nicht wahr – oder sie setzen ihr Trotz entgegen.
Der Berg hüllt sich in Wolken. Sturm zieht auf, der Aufstieg muß nun doch unterbrochen werden. Die Camps werden unter Schnee begraben, die Zelte beschädigt. Durch die überlebensnotwendige Reparatur verlieren die Männer wiederum Zeit.
Bereits bei guter Witterung strengt das Steigen und Klettern in dieser Höhe extrem an. Unter widrigen Bedingungen aber wird es zur todesgefährlichen Qual. Das Seil sichert und hilft bei ver-

Der Aufstieg ist eine Gratwanderung zwischen Leben und Tod. Der K 2 verzeiht keinen Fehltritt.

Soweit das Auge reicht, türmen sich gewaltige Berge auf, die nie bezwungen wurden, ja nicht einmal in ihre Nähe sind je menschliche Wesen gelangt.

sagenden Kräften oder einem falschen Tritt. Auch diesmal erweist es sich als Lebensleine: Ein Franzose gleitet ab, ohne Seil wäre er 1800 Meter tiefer auf dem Goodwin-Austen-Gletscher zerschellt. Und immer wieder hebt sich der Blick nach oben, krallt sich am nächsten Ziel fest, der besessene Wille zwingt die Beine zur Bewegung, doch je höher, desto kraftloser.

Zwei Monate kämpfen die Franzosen um den Gipfelsieg, 60 Nächte liegen sie in Eis und Schnee, so als sei dies eine natürliche menschliche Bettstatt. Nun fehlen ihnen nur noch 150 Höhenmeter – und sie müssen aufgeben!

Als einer der letzten kehrt Yannick Seigneur ins Basislager zurück: krank, schmerzgepeinigt, mit Erfrierungen an den Händen, ein Bein gefühllos. Auch ihn, einen der besten und erfahrensten Bergsteiger Frankreichs, hat der K 2 abgewiesen.

Schon mehrfach haben sich Japaner am K 2 vergeblich versucht.

Auch Japan hat eine große Bergsteigertradition. 1975 war Junko Tabei die erste Frau auf dem höchsten Berg der Welt, dem Mt. Everest. Der japanische Berg Fuji wird als einer der beeindruckendsten Gipfel der Erde bezeichnet. Das Motiv schönster klassischer Holzschnitte, ist Fuji-*san* ein Mythos, und Millionen Japaner haben ihn schon bestiegen. Zahllose Romeos und Julias, die zueinander nicht finden durften, haben sich umschlungen in seinen Krater gestürzt – Berge sind den Japanern sehnsuchtsvolle Ziele, sie versprechen Erhebung und Erlösung. Auf Hokkaido sind im Winter alte Menschen, die ihrer bitterarmen Familie nur noch Last und Bürde waren, nach eigenem Wunsch auf Berggipfel getragen worden, um dort den Frieden des Todes zu finden.

Das neuzeitliche, technisierte Japan verbindet seinen Leistungsdrang mit der alten japanischen Faszination für die Schönheit und den Mythos der Berge. Kein Wunder deshalb, daß gerade der K 2, der als schönster der Achttausender gilt, japanische Bergsteiger anzieht.

Schon mehrfach haben sich Japaner am K 2 vergeblich versucht, und im August

1977 bereitet sich wieder eine Expedition auf den Gipfelsturm vor. Diese Expedition gleicht vor dem Aufbruch einem Heerlager. Zu den 32 japanischen und drei pakistanischen Bergsteigern gesellen sich zwei Wissenschaftler und 15 Träger, die über Hochgebirgserfahrung verfügen. Nahezu 1000 Balti tragen etwa 30 Tonnen Ausrüstung und Vorräte bis zum Basislager.

Ihr Leistungsmotiv: Die Gemeinschaft ist alles, der einzelne nichts.

Die Organisation ist perfekt, die Methode eine andere. Während europäische und amerikanische Teams eine Interessengemeinschaft von ehrgeizigen Einzelgängern bilden, folgen die Japaner einem anderen sozialpsychologischen Leistungsmotiv: Die Gemeinschaft ist alles, der einzelne nichts.

Diese Japaner sind keine *Kamikaze*-Helden, sondern umsichtige Mitglieder einer hochorganisierten Gruppe. Sie gehen kein unnötiges Risiko ein. Ihr Aufstieg verläuft zunächst über die bereits bekannte Strecke des Abruzzi-Grats. Aber trotz der organisatorischen Voraussicht und unter Berücksichtigung nahezu aller Schwierigkeiten, überrascht der K 2 die Eindringlinge wieder mit Tücke und Ungestüm: Der Wind fegt aus schnell wechselnden Richtungen den Schnee heran. Ein gelockerter Felsbrocken, ein falscher Tritt löst Lawinen aus, denen Schneekaskaden nachfließen.

Erneut verliert ein Bergsteiger den Halt, rutscht verzweifelt um sich greifend auf den Abgrund zu – bis sich das Seil spannt und ein Kamerad sich feststemmend den Tausende von Meter tiefen Sturz verhindert.

Jedem Expeditionsleiter stellen sich zahllose Aufgaben, neben den technischen auch wichtige psychologische. Er muß die Mitglieder seines Teams richtig einschätzen können: ihr Durchhaltevermögen, die körperliche Verfassung, die Nervenstärke, das Verhalten in der Gruppe. Und er muß letztlich die Gipfelgruppe zusammenstellen, von der er glaubt, daß sie das Ziel erreichen wird.

Der japanische Expeditionsleiter gibt dem ersten Gipfelteam den Befehl zum Aufstieg vom Camp Nr. 6 aus. Fünf Männer sollen den K 2 bezwingen. Die Bergsteigerkameraden blicken vom Basislager aus angestrengt nach oben, sie hoffen auf den endlichen Erfolg der Expedition. Doch das erste Team scheitert. Ein jäher Wetterumschwung verhindert den Aufstieg. Die erschöpften Männer kehren zurück.

Der Expeditionsleiter bereitet das zweite Team auf seine Aufgabe vor. Diesmal sollen Sauerstoff-Flaschen eingesetzt werden. Die Männer stehen unter großem Erfolgsdruck. Ihr Kampfwille ist der Motor. Ist dieser Kampfwille ein »Killer-Instinkt«, der den »Killer-Berg« besiegen kann?

Die Männer im Basislager jubeln. Sechs Japaner und ein Pakistani stehen auf dem windumtosten Gipfel des K 2.

Im Jahre 1978 kehrt Jim Whittaker zurück zum K 2, um es den Japanern gleichzutun und die ersehnte Revanche zu fordern. Drei Jahre hat er dieser Chance entgegengefiebert. Die Schmach der Niederlage seines vorherigen Versuches setzt Kräfte frei, denen sich der K 2 diesmal beugen muß: Vier seines Teams schaffen tatsächlich den Gipfelsieg. Endlich ist der K 2 bezwungen, das große Ziel erreicht. Von den Männern weicht der gewaltige Erwartungsdruck: Wenn sie es diesmal nicht geschafft hätten? Sie haben ihre Angst, die Erschöpfung überwunden, sind über sich selbst hinausgewachsen, um ans Ziel zu gelangen. Sie haben dem Tod bewußt ins Auge geblickt, die Gefahr war ihr ständiger Begleiter.

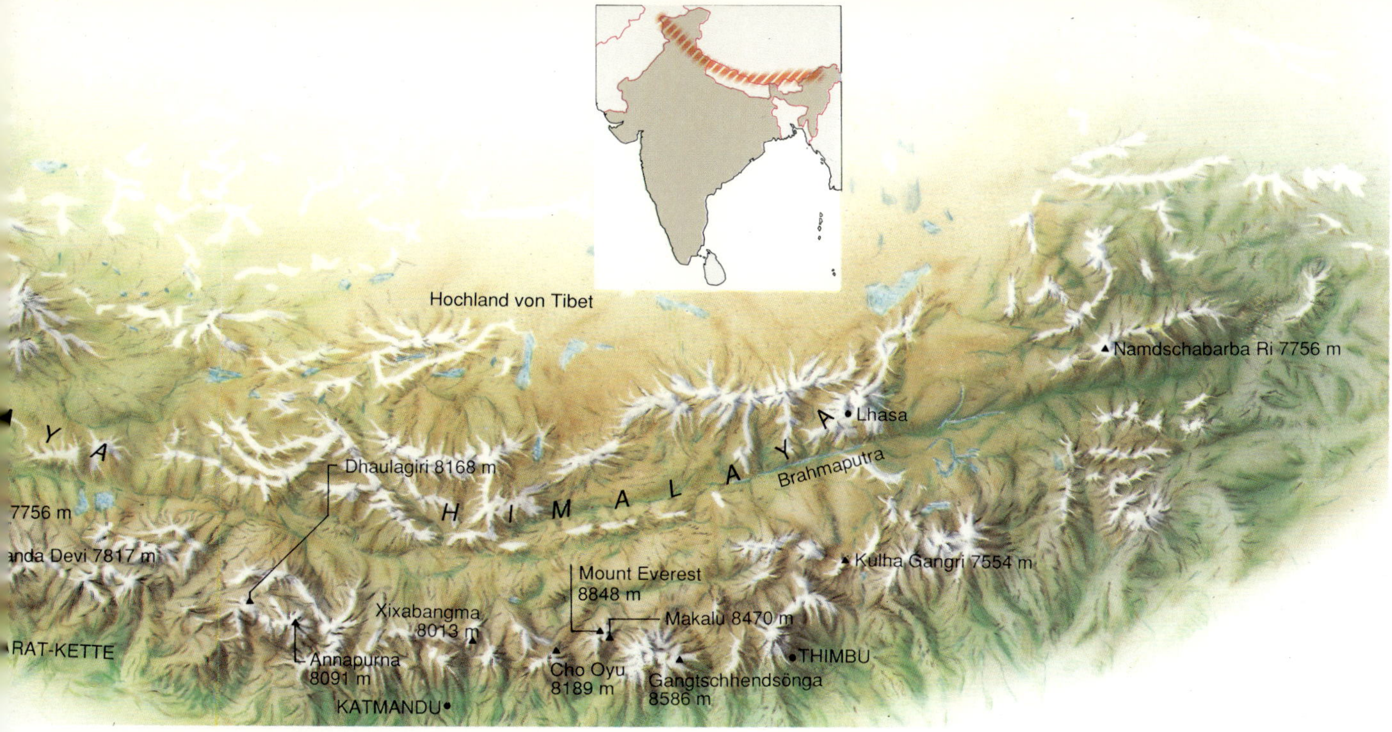

Nun ist es an der Zeit – diesmal als Sieger – in die Zivilisation zurückzukehren, die ihnen noch für lange Zeit fremd erscheinen wird. Sie haben einen unglaublichen Berg bestiegen, der nur wenigen außerhalb der Bergsteigergemeinde ein Begriff ist. Jeder von ihnen nimmt eine einzigartige, sehr intime Erfahrung mit nach Hause, die kaum mit jemandem geteilt werden kann: die tiefe Selbsterfahrung in einer Grenzsituation.

Doch der Berg fordert seinen Wegzoll: Nicht allein die Toten, nein alle, Sieger und Besiegte, zahlen einen sehr hohen Preis für die Passage durch das Reich des K 2. Ist es bei den Überlebenden keine psychische, so ist es eine körperliche Mautgebühr: Tote, erfrorene Gliedmaßen, innere Schäden. Die Todeszone über 5400 Meter Höhe zeichnet alle, die zu ihr vordringen.

Der Heimweg der Expeditionen vom K 2 verläuft nicht ohne Hindernisse. Meist hat das Schmelzwasser der Gletscher den Braldo-Fluß, während sie den Sommer in der Eishölle verbrachten, in einen reißenden Strom verwandelt. Pfade, die auf dem Hinweg festen Tritt boten, sind aufgeweicht und rutschig. Und auch die Gletscher erfordern von den Bergsteigern noch einmal höchste Konzentration.

Doch die kargen, von grauem Granit eingefaßten Täler der Balti erscheinen den Bergsteigern nun wie der Garten Eden. Und vielleicht verstehen die Fremden jetzt, warum die Balti über die Jahrhunderte in ihren sonnigen Tälern und am warmen Lager verharrten, anstatt zu verbotenen Gipfeln zu ziehen.

Die Bergsteiger sind von Welt zu Welt gewandert: Hinauf ins blaublendende, gleißende Lichtreich der Hochlagen und nun zurück zu den samtigen, wärmedurchtränkten, irdenen Farben der Dörfer. Und sie haben eine Erfahrung gemacht, die größer ist als das Erleben eines bloßen Abenteuers: eine von tiefen Empfindungen bestimmte, geradezu philosophische Grund- und Grenzerfahrung, die sie für immer prägen wird.

In immer fernere Höhen entrücken die Bergzinnen des Karakorum.

Unnahbar über allem steht der K 2. War es Zorn, der ihn die Eindringlinge eisig abweisen ließ? Oder war es Gnade, die ihn für Augenblicke schwach werden ließ? Nein: Gleichmut. In seiner ewigen Welt aus Granit, Eis und Wind bestimmen andere Gesetze das Sein.

ARRIFLEX
16SRII
NESCAFE

Im Kakadu-Nationalpark im Norden Australiens durchlebt eine Handvoll Menschen das Verlöschen ihrer Kultur. Dies ist ihre Geschichte – eine Geschichte, die das Tor öffnet zu einer völlig anderen Sicht des Lebens.

Australien – Dämmerung im Paradies

Australien entstand in einer sehr frühen Periode der Erdgeschichte – vor rund drei Milliarden Jahren. Im Norden des Kontinents hat bis in die Neuzeit eine Kultur überlebt, die zu den ältesten zählt, die auf der Erde ohne Unterbrechung bestanden haben – seit über 40 000 Jahren.
Im Northern Territory, rund 250 Kilometer östlich von Darwin gelegen, ist der Kakadu-Nationalpark Schauplatz eines menschlichen und kulturellen Dramas: Dort versuchen die letzten Repräsentanten des Stammes der Gagudju, die alten Mythen am Leben zu erhalten, von denen nach ihrer Überzeugung der Fortbestand des Lebens schlechthin abhängt.
Kakadu stellt ein nahezu intaktes ökologisches System mit einer großen Vielfalt an Tieren und Pflanzen dar. Über 1000 verschiedene Pflanzen- und 300 Vogel-, Reptilien- und Insektenarten leben in diesem Paradies, das von ausgedehnten Eukalyptus-Wäldern, Überschwemmungslandschaften und einer zerfurchten Canyonlandschaft geprägt wird. Die Felsen, Schluchten und Höhlen der Canyons tragen die Spuren einer 40 000 Jahre alten Kultur, deren Mythologie das Land, gipfelnd in markanten Felsformationen wie dem weltberühmten Ayers Rock, als absolut heilig erachtet.

Vorherige Seiten: Die atemberaubende Felsenkulisse des Ayers Rock wird von den Aborigines als absolut heilig erachtet.

Bluey Ilkirr ist einer der letzten Künstler im Kakadu-Nationalpark, der die große Malereitradition der Aborigines fortführt. Hier beendet er gerade vor laufender Kamera eine Rindenmalerei.

Seit Urzeiten leben die Gagudju in Harmonie mit der sie umgebenden Natur. Mehr noch: Menschen, Tiere, Pflanzen, der Boden, die Felsen, die Erde selbst, sind ihnen nur in gewisser Hinsicht das, was sie zu sein scheinen. Sie alle sind das Ergebnis von Metamorphosen, des Wandels der Erscheinungen, in denen sich eine einzige Lebensenergie manifestiert hat. Die Gagudju haben in ihrer langen Geschichte nicht nur eine unglaubliche Anpassung an ihre Umwelt vollzogen, ihrer Vorstellung nach sind sie selbst Teil eines Ganzen – der lebenden Erde.

Seit Urzeiten leben die Gagudju in Harmonie mit der sie umgebenden Natur.

Um die mystische Verbindung zu ihrer Umwelt aufrechtzuerhalten, ist dem Stamm der Gagudju die Verpflichtung auferlegt, sich »um das Land zu kümmern«. Die Malerei, die Gesänge, die Tänze und die komplizierten Rituale, die das Leben der Gagudju bestimmen, sind die Instrumente, mit denen diese Verbindung geknüpft und bestätigt werden kann. Ohne sie wäre es nicht möglich, das Land und die Natur zu erhalten und zu beschützen.

Nur die weisen Ältesten wissen, wie man sich »um das Land kümmert«. Sie haben ein Leben damit verbracht, die verschiedenen Einweihungs- oder Initiationsphasen zu durchlaufen, in denen ihnen Schritt für Schritt, Einweihung für Einweihung, das geheime, hochkomplexe rituelle und kulturelle System der Gagudju vermittelt wurde. Sie sind die Hüter des Landes und der Traditionen. Doch nur wenige Älteste sind übriggeblieben. Die meisten der Jungen sind von einer anderen Kultur aufgesogen

Auch die Gagudju sehen dem Ende ihrer Zeit entgegen – dem Ende der Traumzeit.

worden, einer aggressiveren, die vor 200 Jahren den Lebensrhythmus der australischen Ureinwohner zerstörte und dem Land fremd gegenübersteht.

Von den Völkern und Stämmen der australischen Aborigines, die sich einst über den gesamten Kontinent verteilten, leben heute nur noch wenige verstreute Gruppen in ihrem angestammten Land: Die Gagudju gehören dazu – und ihr Land heißt Kakadu. Doch auch der Stamm der Gagudju sieht dem Ende seiner Zeit entgegen – dem Ende der Traumzeit.

Dies ist die Geschichte von Kakadu, gesehen mit den Augen der letzten Einwohner, die noch um die alten Traditionen wissen, mit den Augen von Nipper Kapirigi, Felix Iyanuk, Bluey Ilkirr und Bill Neidjie – eine Geschichte, die das Tor öffnet zu einer völlig anderen Sicht des Lebens.

Die stolzen, alten Männer sind die einzige »Bibliothek« einer Kultur, die keine Schrift kennt. Man schätzt, daß jeder der fünfhundert bis sechshundert Stämme, die sich vor der Ankunft der *Balanda*, der Weißen, den Lebensraum auf der australischen Insel teilten, eine andere Sprache gesprochen hat. Sprachen, die keine Verständigung zwischen den verschiedenen Stämmen erlaubten, reich

und ausdrucksstark, mit komplizierter Grammatik und nuancenreichem Wortschatz: Zum Beispiel grenzten bestimmte Pluralformen genau die Personenzahl ein – etwa zwei bis drei Menschen – oder Dutzende von Ausdrücken benannten die verschiedenen Tageszeiten. Gibt man dem Begriff der Literatur einen umfassenderen und weiteren Sinn (als einen »buchstäblichen«) und versteht darunter auch sprachlich gefaßte, komplexe Gedankengebäude, Gedichtetes und Erzähltes, das nicht schriftlich niedergelegt wurde, so sind die Legenden und Mythen der Aborigines wahrlich als Literatur zu bezeichnen. Doch diese Literatur, dieses Wissen, das Gesetzeswerk wird nur denjenigen nach und nach offenbart, die sich Stufe um Stufe den vorgeschriebenen Initiationsriten unterziehen. Und mit dem Zerbrechen der Stammesgemeinschaften können viele der notwendigen Rituale nicht mehr durchgeführt werden. Den vier alten Männern wird kaum einer aus der heutigen Generation nachfolgen, nur Bill Neidjies Sohn ist aus der Welt der Weißen zurückgekommen, um zu lernen.

Stehende Gewässer, sogenannte Billabongs, prägen das Landschaftsbild des Kakadu-Nationalparks, aber auch Trockengebiete mit spärlichem Busch- und Baumbewuchs.

Markante Landschaftsformationen wie diese Felsenfront spielen in der Mythologie der Aborigines eine bedeutende Rolle.

Big Bill Neidjie, der würdige Philosoph, kennt noch den Sinn der Traditionen.

Die Regisseurin Belinda Wright stimmt den Ablauf der Dreharbeiten mit den Gagudju ab.

Nipper Kapirigi, Felix Iyanuk und Big Bill Neidjie zeigen Jonathan Yarramarna, wie man Steinmesser herstellt.

Auf ihren Schultern ruht heute die Verantwortung, das Land und die Kultur zu bewahren. Nur sie beherrschen noch die alten Gesetze und Gebräuche, und sie tragen schwer daran:

Nipper Kapirigi – der mit den Geistern spricht

Der bärtige, asketisch anmutende Kapirigi ist Hüter der wichtigsten Legenden der Traumzeit, der Geschichten über die Schöpferwesen und die Vorfahrentiere. Er weiß, wo die Schöpferwesen am Beginn der Traumzeit ihre Spuren im Land hinterlassen haben.
Von Zeit zu Zeit muß er die heiligen Plätze aufsuchen, um den Kontakt zu den Geistern der Traumzeit aufrechtzuerhalten. Während seine Rufe im Echo verhallen, ist er das Ebenbild seiner Vorfahren am Anbeginn der Zeit.

Felix Iyanuk – der Meister der heiligen Rituale

Der sanfte und traurig blickende Iyanuk ist der letzte der Gagudju, der noch die Bestattungsriten beherrscht und die alten Gesangszyklen kennt.
Als er zum Schlag seiner Hölzer vom Großen Schöpferwesen *Indjuwanydjuwa* singt und noch einmal die Bestattungshöhle der Gagudju besucht, übermannt ihn die Trauer: »Manchmal setze ich mich hin und denke über mich und meine Aufgabe nach, und bevor ich mich zum Schlafen niederlege, überkommt mich unsägliche Trauer, daß uns keiner nachfolgen wird.«

Bluey Ilkirr – der Künstler

Er ist einer der letzten Bewohner des Kakadu, der die große Malerei-Tradition der Aborigines fortführt. Aber er malt nur auf Rinde, nicht auf die Felswände wie die Vorfahren und zuletzt noch Najombolmi. Wie die Ahnen schält er die Rinde in großen, übermannshohen Stücken vom Baum, indem er hinaufklettert und hoch oben Schnitte anbringt. Der einzige Unterschied: Die Axt, die er verwendet, ist aus Stahl, während die der Vorfahren aus Stein waren.

Big Bill Neidjie – der Philosoph

Grauhaarig und würdig, befaßt sich Neidjie mit der Gesamtheit des Regel- und Gesetzeswerks der Gagudju. Er kennt die Zusammenhänge und den Sinn der Traditionen. Alljährlich führt er die Reinigung des Landes durch, indem er weite Flächen des Graslands abbrennt. Durch genaue jahreszeitliche Abstimmung hat das Feuer eine segensreiche Wirkung.

Jonathan Yarramarna – der letzte Nachkomme

Anders als die meisten seiner Generation bemüht sich Jonathan Yarramarna, eine neue Beziehung zu seiner uralten Kultur zu knüpfen. Bill Neidjies Sohn ist nach den Wertmaßstäben der Weißen ausgebildet worden, doch er ist zurückgekommen, um die alten Bräuche und Regeln der Aborigines zu lernen. Als Park-Ranger des Kakadu-Nationalparks trägt er in der einen Welt Verantwortung für das Land, als Gagudju lernt er, daß diese noch eine ganz andere Dimension hat. Doch er allein kann das 40 000 Jahre alte Erbe der Gagudju nicht in die Zukunft tragen.

Wie die Vorfahren leben die Gagudju eingebunden in eine vielschichtige Mythologie, die Mensch, Natur und übernatürliche Wesen mystisch vereint hält

in einer fortdauernden Traumzeit. Das Träumen bezeichnet nicht die gewöhnliche Traumerfahrung, es ist ein metaphysisches Konzept, das die Vergangenheit mit der Gegenwart und das Vergängliche mit dem Ewigen verbindet. Verbindet in einer »Allgegenwart«, die von den Aborigines mit Hilfe von mythischen und symbolischen Metaphern beschrieben wird.

Die Traumzeit ist sozusagen »zeitlos«, Vergangenes ist von der Gegenwart nicht durch unüberwindbare Abgründe von Zeit getrennt. Weshalb Geister, Ahnen, die Großen Helden, Vorfahrentiere (von den Ethnologen Totemtiere genannt) hier und jetzt präsent sind und mit ihnen Kontakt aufgenommen werden kann.

Dennoch, die Traumzeit ist die »historische« Zeit der Gagudju. Mit dem Beginn der Traumzeit setzte die Schöpfung ein, formten die Schöpferwesen das Land, verwandelten sich Menschen in Tiere und Tiere in Menschen, nahmen die Landschaft, die Tiere und die Menschen, sich manchmal mehrfach verwandelnd, ihre heutige Form an. Vor der Traumzeit hatte die anfangslose Welt keine Form. Dann, am Beginn der Traumzeit, der Schöpfungszeit, kamen die Schöpferwesen aus dem Meer, um das Land zu formen und das Leben zu schaffen.

Die Traumzeit ist die »historische Zeit« der Gagudju

Das Sandsteingebirge des Kakadu, das sich am Rande ausgedehnter Überschwemmungslandschaften und Eukalyptuswälder auftürmt, erhielt sein Profil durch den Großen Helden *Ginga*. Als dieser einst menschliche Gestalt annahm, verbrannte er sich versehentlich. Um den Schmerz zu lindern, stürzte er sich in einen Wassertümpel – und verwandelte sich in ein Krokodil. Noch heute ist sein Rücken von den Spuren der Verbrennungen, von blasenähnlichen Höckern, bedeckt. Dann ward Ginga zu Stein, und all die Furchungen und Höcker seines Körpers wurden Teil der Landschaft.

Schöpferwesen in Form von Schlangen schoben sich durch das Land und hinterließen gewaltige Steinarkaden und die weite Kette der Hügel. Als *Gandagitj*, das Vorfahren-Känguruh, durch Kakadu kam, verursachten seine großen Sprünge, dort wo es aufkam, schroffe Felsaufwerfungen und Senken.

Das so geschaffene Land war fruchtbar und versorgte das Volk der Gagudju mit allem, was es benötigte: spirituell und materiell. In den alten Tagen war das Leben der Aborigines frei und unbeschwert. Sie lebten in genau abgegrenzten Territorien und folgten Gemeinschaftsgesetzen und Bräuchen, die im Verlauf von 40 000 Jahren ein scheinbar

Nach der Regenzeit verwandeln sich die in der Trockenzeit kaum Wasser führenden Billabongs in ein farbenprächtiges Blütenmeer.

Ginga, das Salzwasser-Krokodil, ist das größte Tier im Kakadu-Nationalpark und das einzig wirklich gefährliche.

unzerstörbares soziales Gefüge schufen. Ihr Gemeinschaftsleben war aufgeladen von der Energie eines Alltags, der jederzeit in die Traumzeit eintauchen und daraus Bedeutung beziehen konnte. Nahrung, die einfach zu sammeln war, wie Schildkröteneier und Seerosenwurzeln, fand man überall.

Krankheiten aus der Fremde, vor allem aber die Kultur und Lebensweise der Weißen, haben ihren Tribut gefordert.

Das war zu einer Zeit, als die Balanda, die Weißen, noch nicht gekommen waren und die alten Lebensformen zerstörten. Heute ist das Land leer: Krankheiten aus der Fremde, vor allem aber die Kultur und Lebensweise der Weißen haben ihren Tribut gefordert. An die Lebensart der Weißen können und wollen sich die meisten Aborigines nicht anpassen. Zu unterschiedlich sind ihre Lebensinhalte und Lebensziele, auch heute noch. Ein perfektes Lebensmodell, das sich über Zehntausende von Jahren im Einklang mit der Natur entwickelte und verfeinerte, warum sollten sie es eintauschen gegen ein britisch-europäisches Wertesystem des persönlichen Besitzes und des Konsums, der Technik und der Ausbeutung der Natur? Warum in Häusern leben, wenn das Klima und die physische Konstitution nicht einmal Kleider erforderlich machen? Warum Geld verdienen, wenn das Land alles, was man zum Leben braucht, umsonst in Hülle und Fülle bietet?

Die meisten Aborigines leben heute in den Reservaten, wo ihnen die australische Regierung häufig kostenlos hübsche, bunt bemalte Holzhäuser zur Verfügung stellt. Regelmäßig verwüsten die Aborigines die Häuser, und man findet Familien, die in notdürftigen Verschlägen neben den Häusern leben. Jedes Jahr reisen Handwerkerkolonnen der Regierung an, um die Häuser zu renovieren, die bald wieder verwahrlost sein werden. Warum wollen die Aborigines nicht in den hübschen Häusern leben, nicht einmal geschenkt?

Nur wenige Gagudju leben heute noch auf die alte Weise in der Wildnis des Kakadu, verbunden mit den alten Ritualen, den heiligen Stätten – und den Felsenmalereien.

Nur ungern leben die Aborigines in den vom Staat zur Verfügung gestellten Holzhäusern.

Die Formen und Farben der Felsenmalereien sind von faszinierender Schönheit und Intensität.

Die künstlerischen Zeugnisse im Kakadu zählen zu den ersten der Menschheitsgeschichte.

Die Kunst hat seit jeher eine überragende Rolle im Weltverständnis der Gagudju gespielt. Sie bildet den Urgund, aus dem die Kultur der Gagudju gewachsen ist, zugleich aber hat sie über Jahrtausende die Kontinuität der mystischen Symbole sichergestellt. In den Felsenhöhlen, wo die Gagudju einst Unterschlupf fanden auf ihren immerwährenden Wanderungen durch das Territorium, wo ihr Gelächter erschallte am abendlichen Lagerfeuer, und die widerhallten vom dröhnenden Klang der Didgeridoo-Hörner, dort lebt ihre Kultur noch: In leuchtenden Felsenzeichnungen von Jägern, Tieren und gefährlichen Geistern.

Die Formen und Farben der Abbildungen sind von faszinierender Schönheit und Intensität. Sie zeigen großflächige, in weiß, grün, braun und rot gehaltene Figuren, die von eigenwilligen und phantasievollen Proportionen bestimmt sind. Andere sind filigran ausgeführt, haben fließende Konturen und könnten aus den experimentellen Ateliers unserer Zeit stammen – nur: Sie wurden vor Tausenden von Jahren geschaffen.

Die ersten künstlerischen Zeugnisse im Kakadu, sie zählen zu den ersten der Menschheitsgeschichte, sind mehr als 30 000 Jahre alt. Abdrücke von Gras sowie Spuren von anderen Objekten zeugen von den ersten künstlerischen Versuchen. Bemerkenswert – und ein typisches Merkmal der Kunst der Aborigines, das sich durch die Jahrtausende zieht – sind jedoch die Abdrücke von Händen: Als ob die frühen Künstler hinausgreifen wollten in die Welt der Traumzeit, ertastend die Verbindung mit der lebenden Erde herzustellen suchten.

Tief im australischen Busch entstanden einige der größten Kunstschätze dieser Erde.

Verschiedene Stilarten wie der für das Arnhemland typische Röntgen-Stil kennzeichnen die Kunst der Gagudju. Tiere und Jagdszenen werden besonders häufig festgehalten. Einige zeigen Geister und Helden der Traumzeit, die sich selbst an die Felswände projiziert haben.

Jahrtausende später tauchen die ersten, genau ausgeführten Felsenritzungen von Tieren auf. Känguruhs und Krokodile, denen in der Symbolik und dem Schöpfungsmythos überaus hohe Bedeutung zugewiesen wird, wurden überlebensgroß abgebildet.

Dann folgen gemalte und genau beobachtete Abbildungen dynamischer Handlungsabläufe insbesondere Jagdszenen, aber auch abstrakte Darstellungen geometrischer Formen: Geraden, Wellenformen und konzentrische Kreise.

Die heutigen Gagudju beziehen die frühen Malereien nicht auf sich. Sie sagen, diese stammten von den freundlichen *Mimi*-Geistern. Über Jahrtausende hätten die Mimi den Gagudju zwar das Malen gelehrt, aber einen ganz »anderen Stil«. Dieser Stil war nur in der Gegend des Arnhemlands verbreitet und ist als »Röntgen-Stil« bekannt: Zum Beispiel milchig-weiße Känguruh-Abbildungen von ätherischem Ausdruck, die Knochen und innere Organe der Tiere zeigen. Viele der großen Malereien werden jedoch weder Menschen noch Geistern zugeordnet. Sie entstanden dadurch, daß die großen Helden der Traumzeit sich selbst auf die Wände der Höhlen projizierten. In ihnen offenbaren sich der Geist und die Macht der Traumzeit: Diese Art der Abbildungen strahlt eine besondere Kraft aus. Sie scheinen mit ihren nahezu abstrakten Formgebungen doch tatsächlich aus einer anderen Welt zu stammen.

Indem der Künstler an diesen heiligen Plätzen malte, konnte er an der Macht der Traumzeit teilhaben und damit sicherstellen, daß das Leben in all seiner Freigiebigkeit und Vielfalt weiterging.

Schicht auf Schicht malten Generationen von Künstlern weitläufige Felsengalerien mit ihren Figuren aus. Figuren von unglaublicher Vielfalt an Motiven, Stilformen und Farben. Tief im australischen Busch entstanden einige der größten Kunstschätze dieser Erde.

Auch wenn die Gagudju vermutlich schon seit dem 15. Jahrhundert Kontakt zu indonesischen Seefahrern aus Celebes hatten, erfuhren das Leben und die Kunst der Gagudju doch erst vor rund 200 Jahren einen tiefgreifenden Wandel. Segelschiffe brachten ein fremdes Volk, die Balanda, an Land. Anders als die Stämme der Ost- und Westküste leisteten die Gagudju lange Widerstand. Doch mehr noch als die überlegenen Waffen und Transportmittel oder die schiere Zahl der Fremden war es die fremde Ethik, die die Gagudju in die Knie zwang. Eine Ethik, die weder die Natur, das Territorium noch die Gruppe achtete, war nicht zu verstehen und, wie ein böser Geist, kaum zu bekämpfen: »Und bald«, erzählen die Gagudju, »sagten uns diese Fremden, die immer die Hände in die Hosentaschen steckten, was wir tun und lassen sollten.« In der Tat sind auf einigen Felsenzeichnungen Darstellungen von Weißen mit Händen in den Hosentaschen zu sehen.

Die Malerei, wie die Kunst überhaupt, erwies sich als die überlebensfähigste Seite der Aborigines-Kultur, die bis heute, wenn auch angepaßt an Leinwand, Aquarell und Öl, überdauert. Die letzte große Felsenkunst im Kakadu stammt allerdings von 1964 und wurde von einem Mann namens Najombolmi gemalt. Er unternahm den letzten heldenhaften, fast verzweifelten Versuch, mit einer Felsenmalerei an den heiligen Plätzen noch einmal die Verbindung zur Traumzeit herzustellen. Najombolmi starb ein Jahr nach Beendigung seines Meisterwerks. Die Macht der Traumzeit begann endgültig zu schwinden.

Auch Bluey Ilkirr ist einer der letzten, die eine einzigartige Erscheinung der Aborigines-Kunst, die Baumrindenmalerei, beherrschen. Vom Vater auf den Sohn gekommen, ist die Malerei für ihn kein Akt der Selbstdarstellung oder der Ausdruck einer persönlichen Sicht der Welt, sondern ein Schaffensakt im buchstäblichen Sinne. Durch sie tritt er mit der Traumzeit in Verbindung, ruft ihre Macht herbei und stellt dadurch sicher, daß die Tiere, die er abbildet, sich immer wieder vermehren. Dies gilt sowohl für naturalistische als auch für symbolisch verschlüsselte Darstellungen der Abstammungsmythen.

Bevor mit der Zeichnung begonnen werden kann, muß die vom Baum gezogene Rinde gewässert, geglättet und abgeschabt werden. Dies geschieht im Regelfall in der Regenzeit, denn in der Trockenzeit würde sich die Rinde verformen und womöglich platzen.

Dann beginnt Bluey Ilkirr mit dem Malen. Zunächst färbt er die gesamte Fläche mit rotem Ocker ein: Das ist das Blut. Und Blut ist das Symbol für das Leben selbst. Der rote Untergrund wird dem Bild Leben einhauchen. Bluey mischt weißen Ton und trägt mit der Palmenstengelbürste den weißen Umriß einer Figur auf die Rinde auf. Schon nach wenigen Strichen ist zu erkennen, daß es sich um Ginga, das Salzwasser-Krokodil, handelt, das größte Tier im Kakadu und auch das einzig wirklich gefährliche.

Die Rinde wird vom Baum gestemmt, geglättet, grundiert und anschließend filigran bemalt.

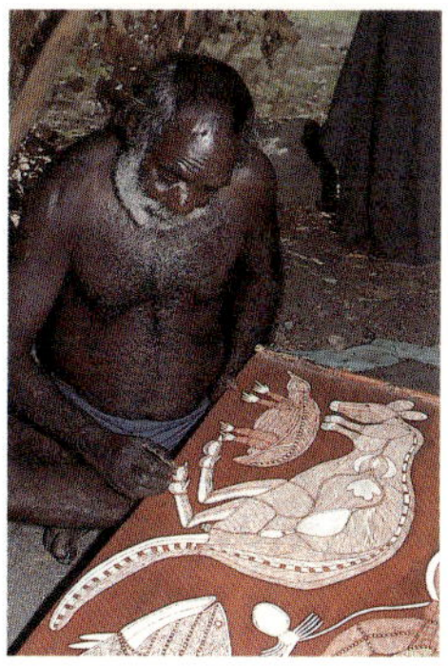

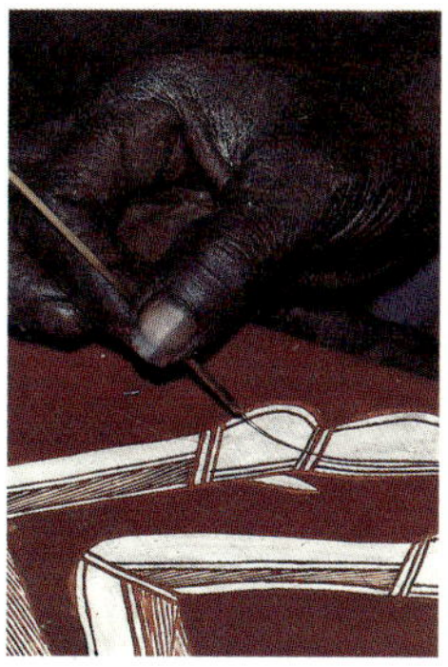

Trotz ihres Namens überlebt diese Krokodilart ebensogut in Süßwasser. Das *Crocodylus porosus* ist nicht nur in Nordaustralien, sondern in ganz Südostasien verbreitet und wird zwischen vier und acht Metern lang. Kein Bewohner der *Billabongs*, der stehenden und in der heißen Jahreszeit austrocknenden Gewässer des Kakadu, ist vor seiner Gefräßigkeit sicher.
Daß Ginga auch Menschen verzehrt, hindert die Gagudju nicht daran, das Riesenreptil zu jagen. Vom wackeligen Floß aus rücken sie ihm mit Speeren zu Leibe. Krokodilfleisch gilt als Delikatesse. Doch obwohl Ginga groß und gefährlich ist, ist er nicht der Herrscher über die Sumpflandschaft.

Marrawuti, der Weißbauchseeadler, »ist der Boss hier in der Gegend«.

Dieser Titel gebührt *Marrawuti*, dem Weißbauchseeadler. »Er ist der Boss hier in der Gegend«, sagen die Gagudju. Wenn jemand stirbt, dann wird der Geist dieser Person von den großen Klauen Marrawutis geschnappt und in eine andere Dimension der Traumzeit entführt. Mit der stattlichen Körpergröße von rund 80 Zentimetern ausgestattet, erreicht Marrawuti eine Flügelspannweite von bis zu 2,20 Metern. Seit jeher haben die Gagudju seine überragenden Jagdkünste bewundert, vor allem seine Fähigkeit, aus vollem Flug große Fische aus dem Wasser zu greifen. Er ist aber auch ein vorzüglicher Architekt und Jahr für Jahr damit beschäftigt, den Horst auszubauen – auch für spätere Generationen.
Das Reich Marrawutis ist ein in jeder Hinsicht gesegnetes Land, in dem das Leben in ungeheurer Vielfalt und im immerwährenden Kreislauf der trockenen und regenreichen Jahreszeiten, des Jagens und Gejagtwerdens, der Geburt und des Todes pulsiert.
So jagt *Djagana*, der Indien-Großstorch, nach Aalen im Gras des Billabong-Ufers unter den aufmerksamen Augen des herumstöbernden Wasserwarans. Zwischen den schwimmenden Blättern der Seerosen im Billabong lebt auch der emanzipierte *Lotusvogel*. Das Männchen brütet nicht nur die Eier alleine aus, son-

Dank eines Hornfortsatzes auf der Nasenspitze können die Krokodile die harte Schale der Eier von innen durchbrechen.

Elegant greift sich Marrawuti seine Beute aus dem Wasser.

Mühelos wandert der Lotusvogel über die Blätter der Wasserpflanzen.

Keiner der Bewohner der Billabongs möchte mit den Zahnreihen Gingas Bekanntschaft machen.

Auch Djagana findet reichlich Nahrung im Billabong.

Der buntschillernde Kragen charakterisiert Gundamen.

dern zieht auch noch den Nachwuchs ohne Partner auf. Das Weibchen, etwas größer als das Männchen, verläßt das Nest alsbald nach dem Legen der Eier, um nach neuen Partnern Ausschau zu halten. Wenn der langbeinige Lotusvogel über die Seerosenblätter trippelt, muß er vor vielen Feinden auf der Hut sein: Etwa vor *Boloko*, der grünen Wasserpython, die ohne Mühe durch die Wasserpflanzen gleitet, um ihm die schmackhaften Eier zu stehlen. Sind die Küken nach vier Wochen geschlüpft, hat der Vater es einfacher, weil sich der Nachwuchs dann in seinem schützenden Federkleid verstecken kann. Bis sie etwa drei Wochen alt sind, trägt er die Kleinen umher.

Das Reich Marrawutis umfaßt nicht nur die Billabongs und den Sumpf. Er jagt auch in den Wassertümpeln entlang der heiligen Felsen des Sandsteingebirges und hält ein wachsames Auge auf die Graslandschaft und die Eukalyptuswälder. Treibt ihn sein mächtiger Schwingenschlag über das Land und erklingt sein durchdringender Schrei, horchen alle Wesen seines Reiches auf und ducken sich ins Gras, besonders die, die in Ungnade gefallen sind. Wie etwa *Gundamen*, die Kragenechse, die ein warnendes Beispiel für alle ist, die dem Gesetz der Aborigines nicht folgen wollen. Als Gundamen noch ein Mensch war, hatte er eine glatte, schlanke Gestalt. Bei einer heiligen Zeremonie hörte er jedoch nicht zu und führte das falsche Ritual aus. Die Ältesten bestraften ihn und verwandelten ihn in eine Echse mit extrem langem Schwanz und seltsam buntschillerndem Kragen. Sie sagten: »Weil du die Zeremonie verdorben hast, sollen die Menschen dich auf alle Zeit in dieser Gestalt sehen.«

Sie sagten zu Gundamen: »Weil du die Zeremonie verdorben hast, sollen die Menschen dich auf alle Zeit in dieser Gestalt sehen.«

Auf andere Weise als Marrawuti sorgt sich Bluey Ilkirr um den Lebenszyklus im Kakadu. Durch seine Malerei mystisch vereint mit den Mächten der Traumzeit, malt er Gandagitj, das riesige Vorfahrenkänguruh, das die auffälligen Landschaftsformationen geschaffen und den Gagudju die wichtigen Rituale vermittelt hat.

Die Känguruhs sind für die Aborigines besonders wichtige Tiere – schon auf den frühesten Felsenmalereien wurden sie festgehalten. Nicht ohne Grund: Denn in Australien leben über 40 Känguruharten unterschiedlichster Größe

In Australien leben über 40 Känguruharten.

Das Antilopen-Känguruh kann bis zu zehn Meter weit springen.

Tagsüber ruhen die Flughunde kopfüber in den Bäumen an den Ufern der Billabongs.

in extrem verschiedenen Umweltbedingungen. Einige werden bis zu zwei Meter groß (im Sitzen) wie die roten und grauen Antilopen-Känguruhs der Savannen und können acht bis zehn Meter weit und drei Meter hoch springen. Andere Exemplare, die in den Bergen der Great Dividing Ranges – des größten Gebirgszugs Australiens, der sich parallel zur Ostküste hinzieht – leben, erreichen oft nur die Größe eines Hundes oder sind noch kleiner. Die großen Känguruhs gesellen sich zu kleinen Gruppen und sind für gewöhnlich zutraulich und anhänglich, während der kleinere Nachbar – *Gonoblo*, das agile Wallaby-Känguruh – angriffslustiger ist.

Das große Antilopen-Känguruh wurde von den Aborigines früher mit dem Bumerang gejagt und von erfahrenen Jägern aus 100 oder gar 150 Metern Entfernung erlegt. Das Fleisch blieb jedoch nur den älteren Leuten vorbehalten: »Die jungen Leute bekommen davon schlechte Träume.«

Goloban, den schwarzen Flughund, hingegen verbinden die Aborigines mit den Mächten der Dunkelheit. Die Medizinmänner und Zauberer werden oft auch als »Flughund-Mann« bezeichnet. Sie stehen in hohem Ansehen bei den Aborigines.

Flughunde zählen zu den größten aller Fledermausarten. Während des Tages ruhen sie zu Tausenden kopfüber in großen Bäumen hängend, vorzugsweise am kühlenden Wasser. Diese Schlafkolonien können mehr als 100 000 Tiere umfassen. Auseinandersetzungen um das Territorium werden zornerfüllt und mit viel Geschrei geführt, haben aber kaum einmal eine Verletzung zur Folge. Die jungen Flughunde können bei ihrer Geburt noch nicht fliegen. Bis sie einen Monat alt sind, tragen die Mütter die Kleinen umher, auch im Flug. Während der größten Tageshitze fächeln sich die gemeinsam ruhenden Tiere Luft zu. Manchmal reicht das jedoch nicht aus: Dann lecken die Fledermäuse ihre Flügel ab, damit der verdunstende Speichel ihnen weitere Kühlung bringt. Entsprechend ihres segelnden Flugstils müssen sie zunächst zum höchsten Punkt der Ruhebäume hinaufklettern, um sich von da aus in die Lüfte schwingen zu können.

Djuway, der große Laubenvogel, ist dagegen bodenständig – und den Gagudju nicht ganz geheuer: »Er ist ein unver-

schämter Bursche, der einem die Knochen stiehlt.«
Tatsächlich sammelt der männliche Laubenvogel Knochen und Muscheln aus einem Umkreis von mehreren Kilometern zusammen, um sie als Schmuck bei seinen Balzvorführungen zu verwenden. Hat er einmal das Interesse eines Weibchen geweckt, beginnt er sofort mit seiner Vorführung sein laubenartiges Nest dient ihm hierfür als Bühne. Der Vogel tanzt und singt, als ob er ein Ritual durchführe, wobei er laufend seine angesammelten Schätze vorzeigt. Ist das Weibchen von seinen Darbietungen überzeugt worden, verschwindet Djuway mit ihr in seiner Laube, die dem Verschlag, den die Gagudju für Initiationsriten bauen, nicht unähnlich ist. Da liegt es nahe, daß Djuway von den Gagudju als der Hüter der heiligen Zeremonien angesehen wird.

Wenn es dunkel wird, kommen die bösen Geister aus den Höhlen und hohlen Bäumen hervor. Die Menschen bleiben meist in der Nähe ihrer Lagerfeuer. Die Nacht des Kakadu gehört nicht den Menschen. Dann sind *Lambalk*, der Gleithörnchenbeutler, *Dokun*, das kleine, von Insekten lebende Beuteltier, das jederzeit bereit ist, es mit Beute aufzunehmen, die größer ist als es selbst, und *Bek*, die hochgiftige Todesviper, unter sich. Ist Bek nach wochenlangem Schlaf hungrig geworden und hat er endlich die alte Haut abgestreift, macht er sich sogar an *Yok*, die braune Beutelratte heran – nahezu 150 Beuteltierarten leben in Australien, ja fast alle australischen Säugetiere gehören zu dieser Gattung: vom Känguruh bis zur Ratte –, die doch viel zu groß ist, um am Stück verschlungen zu werden. In solchen Fällen geht Yok aber kein Risiko ein und verbarrikadiert sich in seinem Nest im trockenen Gras.

Lambalk kann im Gleitflug aus den Baumkronen große Entfernungen zurücklegen.

Der Laubenvogel sammelt Knochen und Muscheln, um seine künftigen Partnerinnen zu beeindrucken.

Im immerwährenden Kreislauf der trockenen und regenreichen Jahreszeiten, des Jagens und Gejagtwerdens, der Geburt und des Todes pulsiert das Leben.

Nicht nur der Wechsel von Tag und Nacht, sondern auch der immerwährende Kreislauf der trockenen und regenreichen Jahreszeiten bestimmt den Lebensrhythmus im Kakadu.
Bill Neidjie weiß, wann die Natur nach dem Wandel ruft, das Alte abschütteln will, um dem Neuen Platz zu machen. Dann beginnt er mit einem der wichtigsten Aspekte der Erhaltung des Landes – dem Abbrennen des Graslands. Taucht *Garrkine*, der braune Falke, im Grasland auf, dann ist es Zeit, damit zu beginnen. Das Regel- und Gesetzeswerk der Gagudju beschreibt genau, auf welche Weise und mit welchen Mitteln das Land reinzuhalten ist. Bills Sohn, Jonathan Yarramarna, ist mitgekommen, um zu

lernen, wann und wie genau die Feuer anzuzünden sind. Für ihn als Park-Ranger, der sich auch um die Verhütung von Bränden durch unachtsame Besucher zu kümmern hat, ist es sicher nicht leicht, das Vorhaben des Vaters zu verstehen und zu unterstützen.
Die richtige Zeit für das Feuer ist der Beginn des Vogelzugs. Die Tiere des Graslandes sind herangewachsen und können dem Feuer entkommen. Außerdem ist in dieser relativ kühlen Jahreszeit noch genügend Feuchtigkeit unter den trockenen Stengeln vorhanden.

Die Feuer werden nicht außer Kontrolle geraten. Das Land wird gereinigt, nicht verwüstet.

Die Natur übersteht die Feuer unbeschadet.

Aus dem grünenden Sumpf ragen mächtige Felsen empor, die den Gagudju heilig sind.

Die Feuer werden nicht außer Kontrolle geraten. Das Land wird gereinigt, nicht verwüstet. Würde das Feuer-Gesetz gebrochen und entzündete sich das Grasland später während der heißen und trockenen Jahreszeit, wäre ein großer Verlust an Leben zu befürchten. Die rechtzeitige Regeneration der Landschaft wäre gefährdet, mit unabsehbaren Folgen für die Lebenszyklen im Gagudju-Territorium. Würde nur ein wichtiges Tier des Kreislaufs weiterziehen und sich woanders niederlassen, könnte das eine Kettenreaktion auslösen. So aber wird das undurchdringlich verflochtene Stengelgras beseitigt. Und bald schießt junges Gras durch die Asche, das die Känguruhs anlockt. Es wird wieder einfach sein zu jagen und im Territorium umherzuziehen.
Auch auf Djuway, den Laubenvogel, kann dabei keine Rücksicht genommen werden: Sein mühsam aufgebautes Hüttennest wird vom Feuer zerstört. Aber das ist ihm ohnehin weniger wichtig als seine kostbaren Schmuckstücke, denen das Feuer nichts anhaben kann.
Am Tag nach dem Feuer beginnt er mit dem Neubau und bringt als erstes die Knochen und Muscheln zum neuen Nistplatz. Nach zwei Wochen und vier bis fünf Stunden Arbeit am Tag ist er wieder im Besitz einer gebrauchsfertigen Laube.
Die trockene Jahreszeit wird von heißen Winden eingeleitet. Das Spinifex-Gras auf dem Fels-Plateau stirbt ab und in den Wäldern verflicht es sich zu einer dichten Matte. Die Natur scheint den Atem anzuhalten.

Das ausgedehnte Sumpfgebiet ist auf ein paar trübe Tümpel zusammengeschmolzen, in denen das Wasser in der glühenden Sonne heiß wird.

Barramundi, oder Lungenfische *(Neoceratodus forsteri)*, treiben in den Pfützen und schnappen nach Luft. Bis zu 180 Zentimeter groß und zehn Kilogramm schwer, überleben sie dank ihrer unpaarigen Lunge in der Trockenzeit, wenn der Sauerstoffgehalt im schlammigen Wasser für die Kiemenatmung nicht mehr ausreicht. In immer kürzeren Abständen kommen sie an die Wasseroberfläche, um Luft einzuatmen – und sind leichte Beute für die Jäger in den Billabongs.

Jedes Jahr sterben Tausende von Lungenfischen. Und wie die Aborigines-Künstler der Vergangenheit hält Bluey, indem er die Barramundi abbildet, den Lebensinbegriff dieser Art fest – und sorgt dafür, daß die Zahl der Fische immer wieder zunimmt. Das Kunstwerk schlägt die Brücke zu den Mächten der Traumzeit, eine Brücke, auf der die Arten den Fluß des Todes unbeschadet überschreiten können. Jeden Tag gehen mehrere Arten von Planzen und Tieren auf der Erde unwiederbringlich verloren. Die Aborigines wissen noch um die Gefahren, die dem großen Lebenszyklus und dem eigenen Überleben dadurch drohen.

Marrawuti kann zu dieser Zeit weitaus größere Beute fangen als sonst. Ohne Mühe fischt er sich mächtige Lungenfische aus dem Billabong. Doch nicht alle in seinem Reich erweisen ihm den gebührenden Respekt: Wohl oder übel muß er die fetten Brocken mit Garrkine teilen. Nachdem der gewaltige Vetter die Arbeit getan hat, schnappt der Falke dem Adler die besten Bissen geradezu aus dem Mund. Was ihm an großem Schnabel und großen Klauen gebricht, ersetzt er durch Schnelligkeit und Mut.

Die fette Zeit währt jedoch nicht ewiglich. Ende Oktober ziehen mächtige Gewitter auf, die Vorläufer der Regenzeit, und ihre täglichen Güsse lassen das ausgedörrte Land innerhalb kürzester Zeit wieder aufleben.

Der furchterregende *Namarrkon* schleudert Blitze vom Himmel und schlägt mit der Steinaxt donnernd gegen die Wolken. Auf den Felsenzeichnungen der Gagudju trägt der Blitzmann den Blitz wie einen Bogen um den Körper gespannt.

Mächtige Gewitter bringen die ersehnte Abkühlung am Ende der Trockenzeit.

Bill Neidjie, Bluey Ilkirr und Nipper Kapirigi diskutieren die Bedeutung einer Felsenmalerei.

Namarrkons Kinder auf Erden – Insekten wie *Aldjurr*, die Heuschrecke, die in grellen, »elektrischen« Farben abgebildet wird – werden im November geboren, wenn die stärksten Stürme toben. Heftige Regenfälle füllen das Land bald wieder auf.

Dies ist die Zeit der Regeneration, in der die Vögel den Jungen das Futter bringen. Die Pflanzen gedeihen schnell. Die verkohlten und geschwärzten Wälder leuchten bald wieder in frischem Grün. Gräser, Blumen und Insekten verbreiten sich rasch.

Mit nackter Haut auf der Erde zu liegen und die Sterne leuchten zu sehen, was könnte schöner sein?

Im Rhythmus der Jahreszeiten ziehen auch die Gagudju im Territorium umher. Sie könnten die Errungenschaften des technischen Zeitalters nutzen. Doch viele, unter ihnen Bluey Ilkirr und seine Frau Aladjingu, ziehen es vor, in kleinen Familiengruppen in der Wildnis zu leben. Die Gagudju halten nicht viel vom dauerhaften Hausbau. Die Natur hat im Kakadu so viele Unterschlupfmöglichkeiten geschaffen – zur Not errichtet man einen Windschutz für die Nacht –, daß die Vorstellung, eine feste Behausung zu errichten, absurd erscheint: Mit nackter Haut auf der Erde zu liegen und die Sterne leuchten zu sehen, was könnte schöner sein.

Die Aborigines kennen das Land genau und haben sich den Verhältnissen perfekt angepaßt. Seit ungezählten Generationen leben sie im gleichen Territorium. Es wird angenommen, daß die australischen Stämme bereits seit 10 000 Jahren die gleichen Gebiete bewohnt haben – mit mehr oder minder konstanter Bevölkerungszahl. Wieviel Zeit, das Land kennenzulernen, den Rhythmus der Natur zu beobachten und sich mit Geschichten und Legenden darüber auszutauschen.

Selbst Kinder können in der Trockenzeit schon von weitem die Stellen erkennen, an denen es das kostbare Naß gibt. Hat auf einer Sandbank ein Süßwasserkrokodil seine Spur hinterlassen, wissen die Frauen sofort, daß im Sand Eier zu

In der Nähe zahlreicher heiliger Plätze wurde Uran gefunden, so auch im Kakadu-Nationalpark. Den Abbau jedoch empfinden die Aborigines als unzulässigen Eingriff in die Natur. Bei den Auseinandersetzungen um ihre Landrechte ist die Frage der Uranförderung heftigst umstritten.

finden sind, die vielleicht während der Nacht gelegt wurden. Pflanzen und Tiere gab es in jedem Territorium in ausreichendem, wenn nicht überreichem Maß. Je nach den natürlichen Bedingungen umfaßte ein Territorium zwischen 250 Quadratkilometern in günstigen, wald- und wildreichen Küstenlagen und 65 000 Quadratkilometern in trockenen Steppengebieten. Die Grenzen waren im übrigen heilig, Eroberungs- und Verdrängungskämpfe fanden in 10 000 Jahren nicht statt. Man hat hochgerechnet, daß die Aborigines durchschnittlich nur ein paar Stunden am Tag mit der Nahrungssuche verbringen mußten. Wieviel Zeit, sich den elaborierten Ritualen und spirituellen Übungen und Pflichten zu widmen.

Als einziger kennt Felix Iyanuk noch die alten Lieder, und es mag das letzte Mal sein, daß er diesen Zyklus singt.

So kommen auch Felix Iyanuk und Bill Neidjie am Indjuwanydjuwa-Felsen einer wichtigen rituellen Verpflichtung nach. Zum Rhythmus der Hölzer, die er gegeneinander schlägt, singt Iyanuk den Liederzyklus eines der großen Schöpferwesen: *Indjuwanydjuwa.* Ein weiteres wichtiges Mittel, mit dem die Gagudju die Lebensenergie der Traumzeit anreichern und reinigen. Als einziger kennt Iyanuk noch diese Lieder und vermutlich ist es das letzte Mal, daß er diesen Zyklus singt. Er wird in Vergessenheit geraten und eine weitere Verbindung zur Traumzeit wird versiegen. Und die Erinnerung an Indjuwanydjuwa, der am Beginn der Traumzeit sein Abbild an die Wand einer Höhle projizierte, wird verblassen. Indjuwanydjuwa kam von jenseits des Flusses, über die Ebenen und Billabongs. Auf seiner Wanderung gab er dem Land eine neue Form. Und er brachte den Gagudju, wie Gandagitj, die Rituale und zeigte ihnen, welche Tiere sie jagen sollten. Schließlich ging Indjuwanydjuwa in die Erde ein und verwandelte sich zu Stein, zu einem Brennpunkt der Lebensenergie: »Indjuwanydjuwa kam hier herunter und verwandelte sich zu Stein. Dieser Stein da, das ist Indjuwanydjuwa.«

Als einziger kennt Iyanuk noch die vollständigen Beerdigungsriten der Gagudjus. In der Nähe von Indjuwanydjuwa, durchdrungen von seinem Geist, liegen die Höhlen, in denen die Gagudju über die Jahrhunderte die Gebeine ihrer Verstorbenen verwahrt haben. Lediglich Iyanuk weiß noch, wie sich die Menschen zu bemalen haben, bevor sie die Gebeine der Toten in die Höhlen tragen. Unbeschreibliche Trauer ergreift die beiden Ältesten: »Und wenn wir sterben, Bill und ich, wer wird dann unsere Gebeine zu dieser Höhle bringen, damit unser Geist in Indjuwanydjuwa und die Traumzeit eindringen kann?«

Aufs Neue bestätigt er die seit 40 000 Jahren währende Verbindung.

Die Gewißheit, daß ihre Kultur am Erlöschen ist, treibt Bill in Begleitung seines Sohnes Jonathan Yarramarna auch zum Besuch eines anderen heiligen Platzes: *Wo der Falke träumt*. Es kann gut das letzte Mal sein, daß Bill Neidjie den Geist von Garrkine aufsucht, wo er als Achtjähriger den Schattenumriß einer Hand hinterließ, als er mit seinem Vater den Ort besuchte. Ein Handabdruck ist eine Art Unterschrift, mit der die Gagudju einen Ort für sich beanspruchen.
Mehr als Ausdruck einer spirituellen als materiellen Inbesitznahme bläst auch Jonathan Yarramarna ein solch faszinierendes Zeichen der Verpflichtung gegenüber dem Erbe der Gagudju auf einen Felsen: Zerriebener weißer Ton wird mit Wasser vermischt, in den Mund genommen und auf die an die Wand gehaltene Hand geblasen – wie seit Tausenden von Jahren.
Hüter eines anderen heiligen Ortes, *Djuwarr*, ist Nipper Kapirigi. Seine Pflicht ist es, den Kontakt mit den Geistern dieser außergewöhnlichen Felsenlandschaft aufrechtzuerhalten. Der regelmäßige Besuch ist ebenfalls ein Weg, die Verbindung zu den Mächten der Traumzeit zu bewahren. Die Geister hat er nie gesehen, doch er kann spüren, wie sie ihn beobachten aus den Spalten und Höhlen. Nachdem er seine Anwesenheit angekündigt hat, fragt er um Erlaubnis, den Canyon betreten zu dürfen. Seine Rufe und Beschwörungsformeln verhallen in der Schlucht, und das Echo bestätigt, daß der Kontakt hergestellt ist: Kapirigis Geist hat die Geister der Traumzeit berührt. Aufs Neue bestätigt er die seit 40 000 Jahren währende Verbindung.
Ein letztes Mal sind Kapirigi, Ilkirr und Neidjie zusammengekommen. An den *Drei Teichen* haben die Gagudju seit Jahrtausenden das Material für ihre Steinmesser und Steinspeerspitzen gefunden. An diesem abgelegenen Ort zeigen die alten Männer Jonathan, wie man die rasiermesserscharfen Steinmesser von den Felsen abschlägt. Ein Schlag, und die Gagudju waren im Besitz eines vollwertigen Werkzeugs, das vielseitige Verwendung fand: zum Beispiel auf der Jagd, bei Initiationsritualen, bei der Körperverzierung.

Nur wenige der Gagudju leben noch auf die traditionelle Weise im Kakadu.

Durch Rituale, die Beachtung der Gesetze und einen perfekt an die Umwelt angepaßten Lebensstil haben die Gagudju über die Zeiten sichergestellt, daß ihre Verbindung zu allen Wesen aufrechterhalten bleibt. Solange sie das Land gehütet haben, sorgte die Lebensenergie mit aller Kraft für die Erneuerung des Lebens.

Die letzten der traditionsgerecht lebenden Gagudju wissen alles über ihre uralte Kultur. Nur sie haben noch die Kenntnisse. Doch sie sind alt. Mit ihrem Tod wird eine ganze Kultur dem Vergessen preisgegeben sein. Ohne ihre Kultur mögen die Nachkommen der Gagudju wohl überleben in der modernen Welt. Ohne ihr Wissen und ihre Rituale aber bleibt das Land allein zurück.

Als die Jahreszeit den Ostwind brachte, starb Nipper Kapirigi – sein Geist kehrte zurück in die Traumzeit.

In ihrer langen Geschichte haben die Gagudju keine großen Bauten errichtet. Doch über 40 000 Jahre haben sie in völligem Einklang mit der Natur gelebt. Weder haben sie das Land zerstört, noch haben sie die Geister, die das Land beseelten, vertrieben.

Das ist ihr Denkmal, und es mag einst die Zeit kommen, da man erkennen wird, daß dieses Vermächtnis wichtiger ist, als die Bauten und Schriften, die andere Kulturen hinterlassen haben.

Abbildungsnachweis

Peter Arnold, Inc., New York 7 o. (Carl R. Sams), 60/61 (Carl R. Sams), 64 u. (James H. Karales), 65 u.l. (B. Bolstad), 72/73 (Carl R. Sams), 78/79, 89 (Galen Rowell), 94/95 (Galen Rowell), 97 u. (Galen Rowell), 114 u. (Yogi), 116 u. (Steve Kaufman);

B & U International Picture Service, Amsterdam 46 o. (Werner Otto), 54/55, 86/87 u., 112, 114 M., 126;

R. Brinkhoff, Hamburg 8 o.;

Bruce Coleman, Uxbridge/GB 62 M. (Wayne Lankinen), 70 u. (Krasemann);

Corger, Paris 40/41 u.;

Gamma, Paris 8 (Benoit Chamoux), 84/85 (Alain Buu), 87 o. (Benoit Chamoux), 90/91 o. (Collection Profit), 90/91 u. (Benoit Chamoux), 92 (Collection Profit), 97 o. (Benoit Chamoux), 98 (Collection Profit), 100/101 (Benoit Chamoux);

Beverly Joubert, Wilropark/Südafrika 9 r., 16 o., 16/17 u., 21/22, 26/27 u., 35;

Kenneth Love, Pittsburgh/USA 66, 68/69 o., 68 u., 69 u., 70/71 o., 71 M., 71 u., 73 M., 73 u., 74 u., 76 o., 76 u., 77;

Mauritius, Mittenwald 43 o. (FM), 47 o. (Vidler), 56 (B. Gierth), 58/59 (W. Fischer), 63 M. (Lovell), 74/75 o. (Vidler), 75 u. (Lovell), 80 (Nowotny), 86 (Cassio);

Ian Morris, Noonamah/Australien 9 l., 106/107, 108/109 u., 109 o., 110 (3), 111 M., 115 (2), 116 M., 117 M., 118 M., 119 u., 120/121, 122/123 u.;

PhotoPress, Taufkirchen 6 u. (A. Brucker), 7 u. (A. Brucker), 38/39 (A. Brucker), 40 o., 41 o., 42 M. (A. Brucker), 42/43 u., 44 (A. Brucker), 45 (A. Brucker), 47 M., 48 o. (A. Brucker), 48/49 u., 49 o. (A. Brucker), 49 M., 50/51 (A. Brucker), 52/53 u., 53 o. (A. Brucker), 104/105 (A. Brucker), 109 M. (A. Brucker), 110/111 u. (A. Brucker), 114 o. (A. Brucker), 115 M.l. (A. Brucker), 115 u.l. (A. Brucker), 118 o.l. (A. Brucker), 124/125 (A. Brucker);

Roger-Viollett, Paris 64 M. (Boyer), 65 M. (Harlingue);

John Roskelley, Spokane/USA 7 Mitte, 82/83, 88, 93, 98, 99,

Silvestris Fotoservice, Kastl/Obb. 4/5 (Jan Arthus Bertrand), 6 o. (Fritz Pölking), 12/13 (Fritz Pölking), 14/15 (Hoa-Qui), 16 M., 17 o. (Manfred Pforr), 18/19 u. (Sunset), 19 o.l. (Frank Lane), 19 r.M. (Yann Arthus Bertrand), 19 r.u. (Fritz Pölking), 20 (Stefan Meyers), 22 o. (Bruno Dittrich), 22 M. (Sunset), 22/23 u. (Sunset), 23 o. (Gernot Eicker), 23 M. (Konrad Wothe), 24/25 o. (Stefan Meyers), 24/25 u. (Sigrun Müller), 26/27 o. (Yann Arthus Bertrand), 28/29 u., 30 o. (Rainer Kiedrowski), 30/31 u. (Yann Arthus Bertrand), 32/33 (Konrad Wothe), 34 (Sunset), 36/37 (Telegraph Colour Library), 41 M. (Robert Bruckner), 42 o. (Rainer Kiedrowski), 46/47 u. (Willi Rauch), 66/67, 113 (Carlo Dani/Ingrid Jeske), 115 (2) (Carlo Dani/Ingrid Jeske), 116 o. (A.N.T.), 117 o. (Carlo Dani/Ingrid Jeske), 117 u. (A.N.T.), 118 o. (A.N.T.), 118u. (A.N.T.), 119 M. (F. Lane), 122/123 o. (A.N.T.);

Joe Viesti, Associates, Inc., New York 62 o. (Ken Ross), 62/63, 63 u., 64 o., 65 (4), 81 (Fisherman-Sunset);

ZDF-Pressefoto 17 M., 18 o., 29 o., 67;